パーフェクトレッスンブック

超常識!
プレーが変わる
体の鍛え方

自分でつくる
バスケ筋力

監修●吉本完明

PERFECT LESSON BOOK

実業之日本社

はじめに

体重を増やしながら、バスケットボールのパフォーマンスを上げる――。

バスケットボールは、スポーツにおける基本動作とされる「走る、投げる、跳ぶ」すべてが網羅され、そうした動きが3次元において非常に高い強度で展開される競技と言えます。コート上のプレーヤーとコートの面積比率からして、1人あたりのプレーイングスペースは他の球技と比較してもとても狭いため、素早い反応・判断が必要とされると同時に、フィジカルコンタクト（身体接触）の強さと激しいトランジション（攻守の切り替え）を遂行し得る持久力も求められるのです。

バスケットボールに必要な体力面の要素を整理すると、次のようになります。

・フィジカルコンタクトで負けない体格

・加速、減速、停止、方向転換能力

・高い強度の運動を長時間継続する持久力

トレーニングを指導する中で特に私が強調しているのは、「体重（筋肉量）を増やしながら、パフォーマンス（走れる、跳べる、持久力）を上げる」ことです。なぜならフィジカルコンタクトで負けず、平面の運動量を上げることによって世界で戦えるプレーヤー、およびチームが作られると考えているからです。

私が主に指導しているのは、日本代表やプロプレーヤーを目指す大学生年代の男子選手です。それだけに小・中・高校生や女子選手にとっては負荷が重いトレーニングも含まれます。

しかしながら本書では、私たちが取り組んでいるハードなトレーニングをできるだけ多く紹介させていただこうと思います。その基本的な考え方は、年齢性別を超えて伝えたいことだと思っているからです。

本書ではみなさんが安全にトレーニングを進められるように、各トレーニングに見合った対象レベルの選手についても追記していきます。

みなさんが安全にトレーニングを行い、バスケットボールのパフォーマンス向上につなげられることを願っています。

吉本完明

CONTENTS

CONTENTS

CHAPTER 2

器具を使わない基本トレーニング

Basic Training

CHAPTER
3
器具を有効に、安全に使う
Training With Tool

CONTENTS

CHAPTER

4

バーベルを持ち上げる

Free Weight Training

CONTENTS

CHAPTER 6
スプリント系とアジリティトレーニング
Sprint & Agility

CONTENTS

補足説明

トレーニングマシーン紹介
Training Machine

CONTENTS

編集協力　渡邉淳二
撮影　圓岡紀夫
装丁　柿沼みさと
本文デザイン・DTP　若松 隆

Prologue

トレーニングの考え方と流れ

Training Concept and Flow

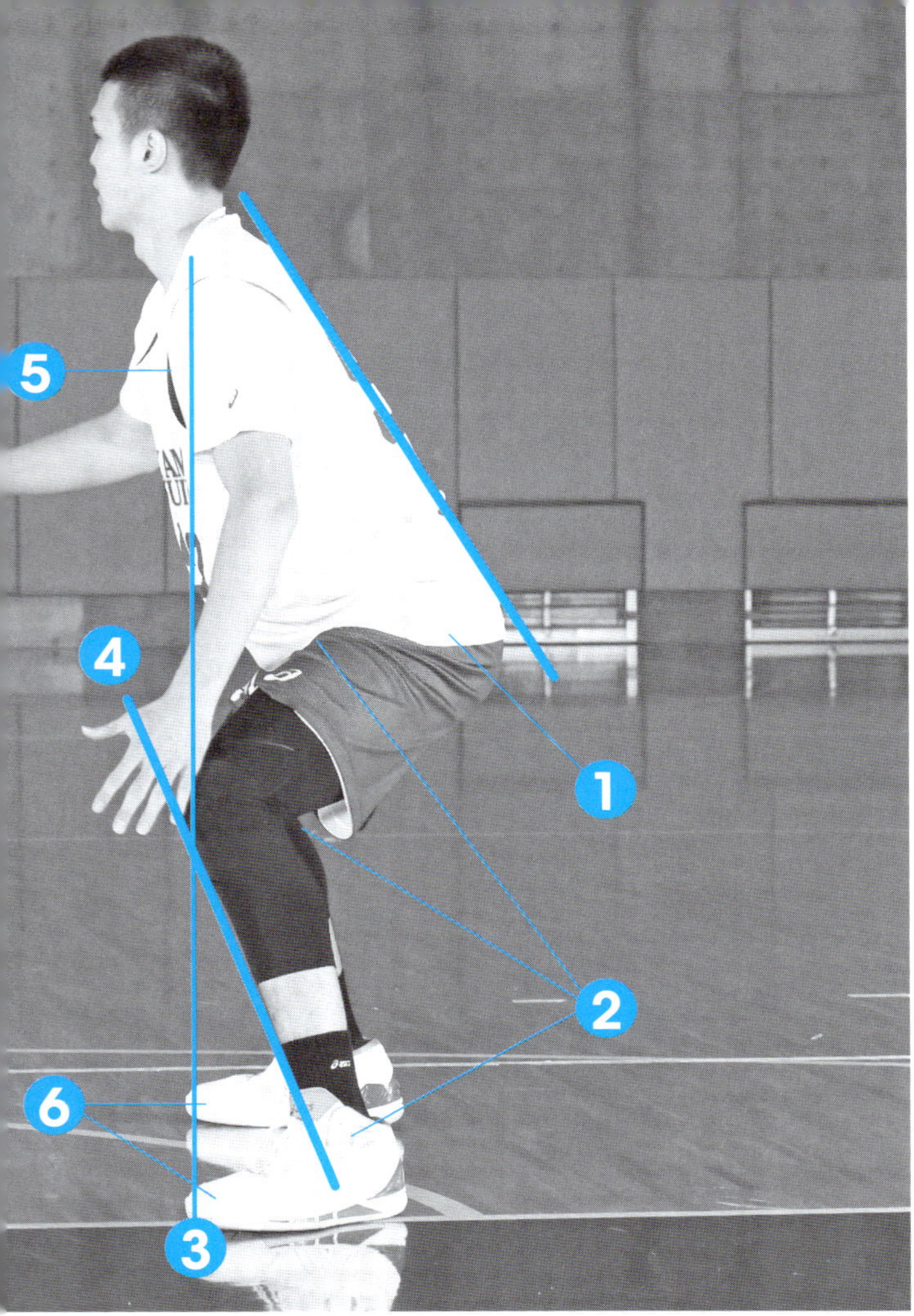

【考察①】パワーポジションとは？

強さと速さを発揮する基本姿勢

「走る、投げる、跳ぶ」といったバスケットボールにおける基本動作は、床からの反力を各動作に変化させたものです。したがって体のバランスをコントロールし、最も効率よく床からの力を変化させられる姿勢をとることが大切になってきます。この基本姿勢は「パワーポジション」と呼ばれています。素早く大きな力を引き出すことができるため、自らのパフォーマンスを発揮する上で有効な姿勢であり、また安定感が高いためケガを予防するのにも適した姿勢と言えます。

他競技に目を向けても、このパワーポジションは存在します。

・野球でピッチャーがボールをリリースする際、相手バッターに打たれないような力を

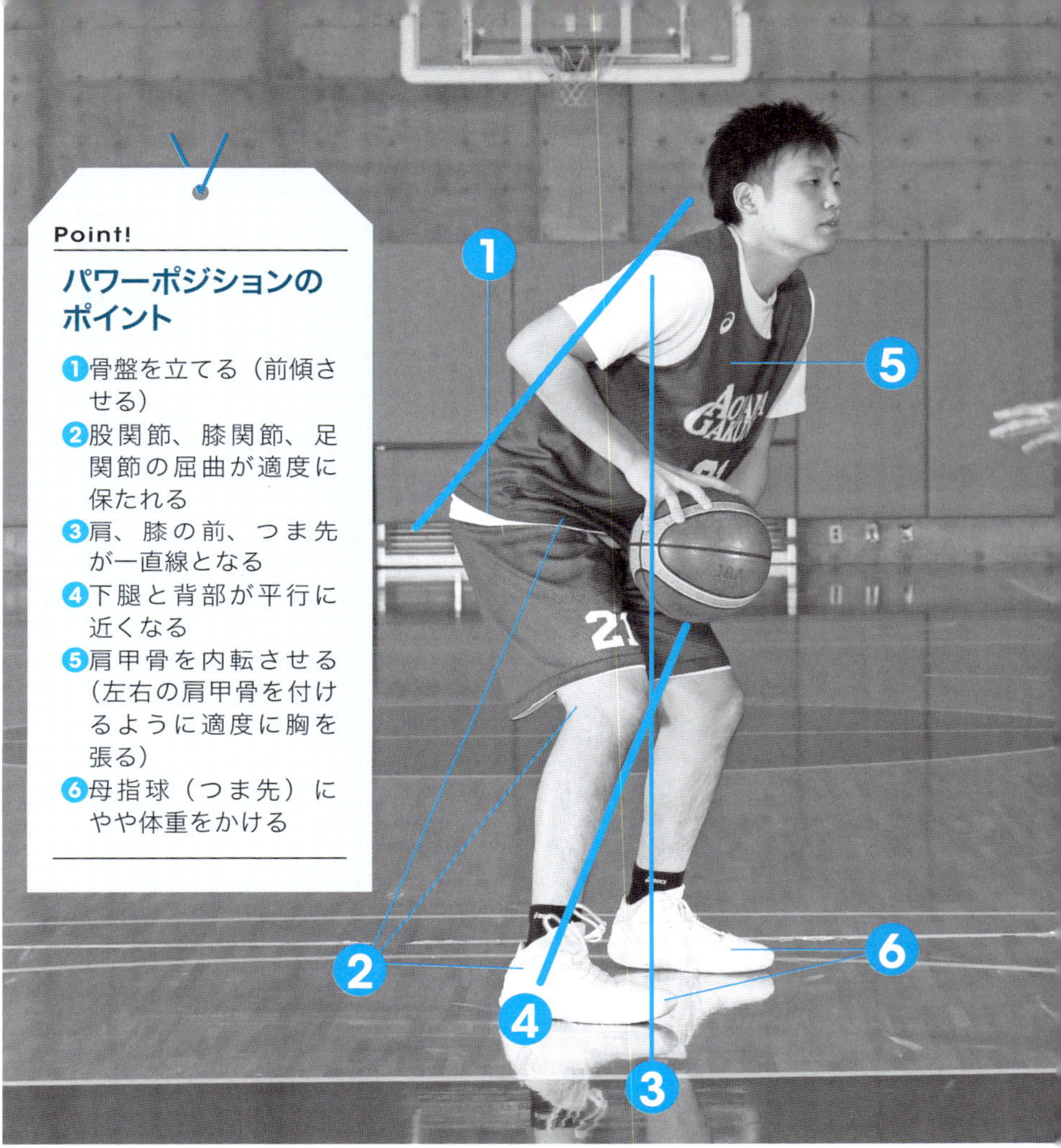

Point!

パワーポジションのポイント

❶骨盤を立てる（前傾させる）
❷股関節、膝関節、足関節の屈曲が適度に保たれる
❸肩、膝の前、つま先が一直線となる
❹下腿と背部が平行に近くなる
❺肩甲骨を内転させる（左右の肩甲骨を付けるように適度に胸を張る）
❻母指球（つま先）にやや体重をかける

ボールに伝えられる姿勢

・ゴルフでボールにインパクトを与える際、ボールがイメージしたとおりの軌道を描くように打つ姿勢
・相撲の立ち合いで、相手力士とぶつかり合う直前、自分の最大限の力を発揮する姿勢

こうしたパワーポジションでは下半身の筋力が重要な意味を持ちますが、必要となるのは太もも前面の筋力だけではありません。臀部（お尻）やハムストリングス（太もも後側筋）も含めた3面の筋肉がバランスよく使われることで、協調し合い、効率よく大きな力を生み出すパワーポジションとなるのです。いわば「三位一体支持姿勢」の形だと言えます。

Training
Concept and Flow

【考察②】パワーポジションが求められる理由

スムーズに次のプレーに移行できる

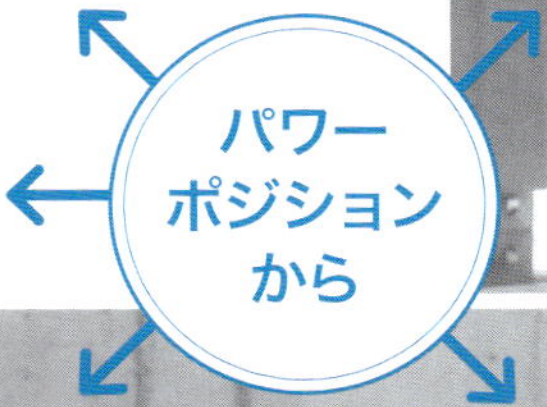

シュート

上半身の力だけでなく、足で床を蹴った時の反力を腕に伝えていくことによってボールに力をつなげやすくなる

ドリブル

相手ディフェンスを一気に抜き去る際、速くて強い一歩が必要となる。そうした際にお尻と太ももの前と後ろの筋力が発揮される

18ページで紹介したパワーポジションの姿勢をとり、バスケットボールを持ってみてください。そうした姿勢がプレーにどう反映されるか、イメージしやすくなるはずです。

シュート体勢に入る際のボールミート時、ドリブルで相手ディフェンスを抜き去る直前やチームメートに強いパスを出したい時。そしてボールを持っていない時にもこのパワーポジションを意識することが大切です。

パワーポジションの姿勢から適度にスタンスを広げると、正しいディフェンス姿勢をとることができます。さらに次のようなシーンで、プレーヤー自らが意識的にコンタクトを行うプレーが生じます。

パス

安定した姿勢でボールを持つことによって、パスを出す際に重心移動がスムーズに行われ、上半身の力もボールへと伝えやすくなる

ディフェンス

パワーポジションから適度にスタンスを広げることによってディフェンスの基本姿勢となる。相手の動きに応じて左右前後に力強く、かつ素早く移動できる

コンタクトプレー

バンプやボックスアウト、そしてフォースアウトなど様々なシーンでコンタクトが生じる。その時に意識してほしいのがパワーポジションだ。相手に押されても、引っ張られても動じない強い姿勢をとる

・ゴールやボールに近づこうする相手に接触する「バンプ」
・ディフェンスリバウンド時、相手をゴールに近づかせない「ボックスアウト」
・ゴールの近くでポジションをとろうとする相手を押し出す「フォースアウト」

このように相手とのコンタクト（身体接触）も含めて様々な状況でこのパワーポジションが基本となるだけに、トレーニングを通じて身に付けてほしいのです。

Training
Concept and Flow

【考察③】トレーニングの流れ

年齢性別など個性に見合ったトレーニングを取り入れる

1 ストレッチ

18ページで紹介したパワーポジションで股関節の柔軟性が求められる他、各部位の柔軟性がトレーニングの効果を高める。年齢性別問わず、すべてのプレーヤーに大事にしてもらいたい

↓

2 器具を使わない基本トレーニング

成長段階にある小・中学生の男子、および女子プレーヤーなどは自分の体重を負荷にしたトレーニングを基本に進めてほしい。そうすることで成長を促すとともに、安全にトレーニングを進められる

↓

3 バーベルなどを使ったフィジカルトレーニング

私が指導する大学生がメインで取り組むメニュー。専門トレーナーの下で正しく行うことによって、正しいフォームを理解した上でパワーアップを図ることができる。ただし成長段階にある低年齢層のプレーヤーは導入を控えてほしい。女子選手も負荷のかけ方を軽減することが大切だ

本書は上記のような流れでメニューを紹介していきます。各種ストレッチを通じて各関節の柔軟性を高めた後、各種フィジカルトレーニングを紹介します。ボールを使ったスキル練習は最後に掲載しますが、実際に練習を行う際には、このスキル練習を行った後、フィジカルトレーニングに移行するのもよいでしょう。

ただし、器具を使ったトレーニングについておさえてほしいことがあります。それは私が指導する大学生が行うメニューが多く含まれているということです。

したがって小・中学生年代の成長期にあるプレーヤーや女子プレーヤーは過度な負荷にならないように注意してください。特にバーベルトレーニングは一定レベルに達した後、専門ト

レーナーの下で正しいフォームを最優先に、強度を高めて行ってほしいところです。

　逆に成長期にあるプレーヤーに積極的に取り入れてほしいのが、「スプリント系トレーニング」です。日本にも走れる長身プレーヤーが数多く育つことが期待できます。

4 ジャンプトレーニング

バーベルトレーニングもジャンプ力アップにつながるが、他にもメニューはある。ただし、膝や足首に大きな負担がかかるため、慎重に取り入れてほしい。長時間行うのではなく、少しずつ行うことがポイントとなる

5 スプリント系トレーニング

瞬発力および持久力アップのために目を向けてほしいメニュー。15～20分と、短時間で行えるだけに効率性が高い。特に成長期にある長身選手は避けがちだが、適度な距離・時間を設定して行うことで、「走れる長身プレーヤー」が育てられる。コンディショニングやリハビリの回復期の指標ともなる

6 フィジカル強化もテーマとしたスキル練習

各種トレーニングの効果をプレー面に反映させやすいように、体力アップを兼ねたスキル練習を取り入れる。シュート、ドリブル、パス、ディフェンスの他、実戦を想定したフィジカルコンタクトを取り入れるのも効果的だ

【考察④】コンディショニングの重要性

体重を増やしながらパフォーマンスを上げるための準備

トレーニング効果を高めるには、規則正しく日常生活を行う中で、三大栄養素（脂質・タンパク質・糖質）を朝、昼、晩とバランスよくとることが大切です。しかしながらこちらが期待する筋肉量、すなわち体重を目指すには、日常生活の食事だけでは足りないというのが現状です。そこで栄養補助食品（プロテインなど）も利用しながらトレーニングの効果を最大限に引き上げる工夫をしています。

体重1キロあたり、1・8〜2グラムのたんぱく質が必要とされていて、3食の食事から約100グラムが摂取されることがわかっています。したがって70キロのプレーヤーであれば140グラムのたんぱく質が必要となり、40グラム分をプロテインで補うようにしているわけです。ただしプロテインに頼るのではなく、あくまで普段の食事から摂取することを努力した上で、プロテインで補助することが大切です。

そしてトレーニング後の休養も、翌日のトレーニングへの準備として重要なポイントです。ストレッチやアイシングのコンディショニングの他、入浴することで血行がよくなり、食事で摂取した栄養を全身に運んだり、心身ともにリラックスすることで睡眠の質を高め、疲労回復を促してくれます。

その睡眠に関しては一般的に、

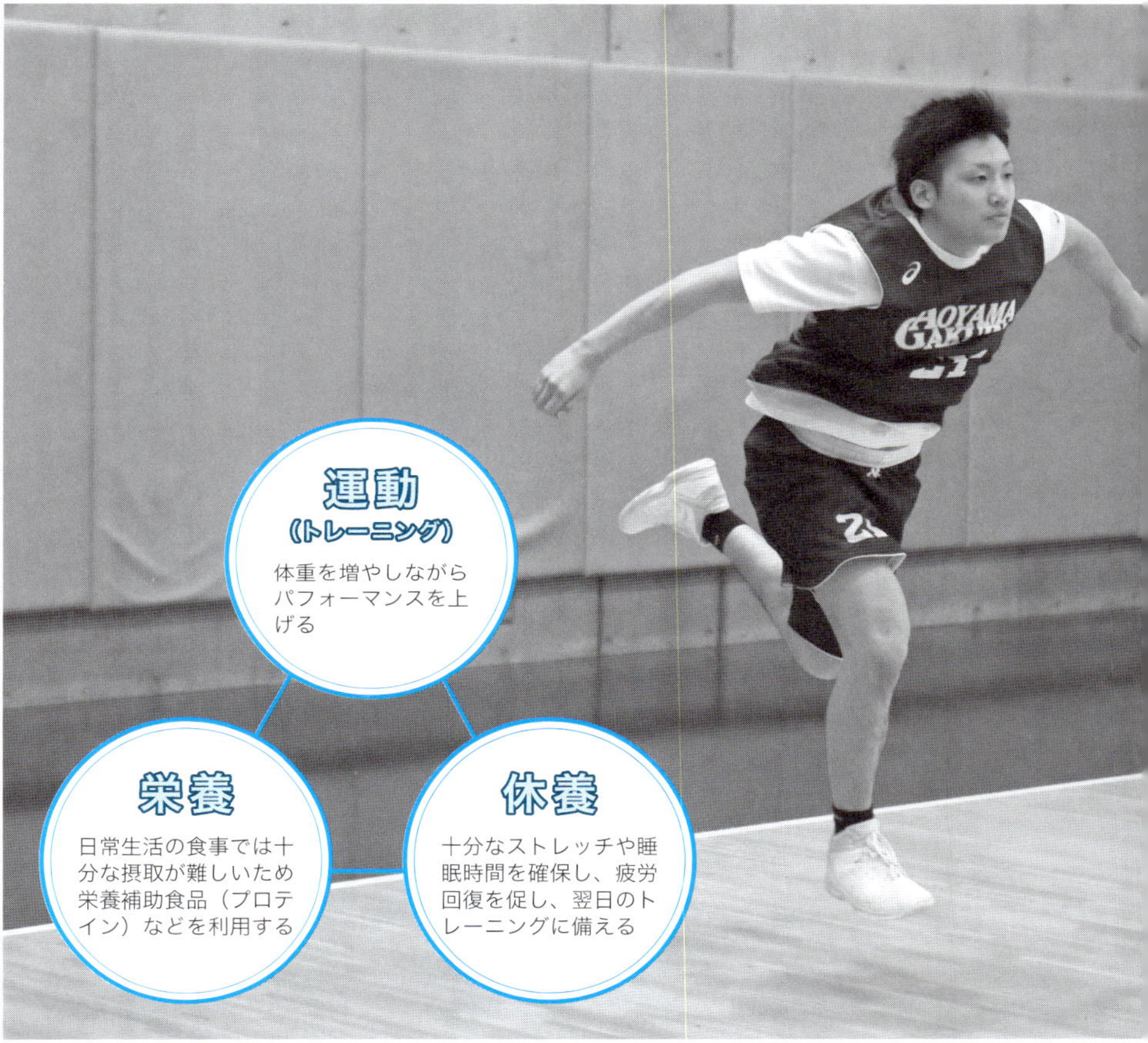
運動
（トレーニング）
体重を増やしながらパフォーマンスを上げる
栄養
日常生活の食事では十分な摂取が難しいため栄養補助食品（プロテイン）などを利用する
休養
十分なストレッチや睡眠時間を確保し、疲労回復を促し、翌日のトレーニングに備える

22時から深夜2時までの間に身体形成・修復に必要なホルモンがさかんに分泌されると考えられています。その時間を含む6〜9時間程度確保するように心掛けてください。

以前、男子大学生プレーヤーを対象に、外傷（1回の動作でガをするねんざなど）・傷害（徐々に疲労が重なって発症する腰痛など）に関する調査をしたことがあります。その結果、外傷として足関節ねんざが多く、大腿部打撲、膝関節の靭帯損傷が続きました。一方、傷害では腰痛が多く、膝蓋靭帯炎、足底筋膜炎などが続きました。

つまりコンディショニングを維持するためにこれらを予防する必要があり、セルフケアとリカバリーが重要です。そのためのストレッチについて次章から詳しく説明します。

【考察⑤】ケガ「応急処置」と「安静」

RICE処置の基礎知識をおさえる

本書で紹介するトレーニング、またはボールを使った練習やゲームでは、ケガが起こり得ます。実際に負傷した場合には、「RICE」処置を行います。トレーニングに入る前に、4つの処置の頭文字をとった「RICE」処置の基礎知識をおさえておきましょう。

【注意】
本書で紹介するトレーニングは、私が指導する大学で実際に行っているメニューです。プレーヤーの方々が行う場合は、ケガのリスク管理を十分に行ってください。可能であれば専門トレーナーやコーチのアドバイスの下で行うことをお勧めします。

Rest（安静）

受傷後すぐに運動を中止し、痛みが薄らぐ楽な体位（寝転がる）になる

Icing（冷却）

受傷後からアイシング（冷却）を20分行い、その後60分圧迫するサイクルを就寝まで繰り返す。凍傷の危険性を避けるため皮膚温が回復してから再冷却。必要に応じて帰宅後も継続する

Compression（圧迫）

包帯などを用い、適度な圧迫を患部に与えることで腫れや炎症をコントロールするが、圧迫が強すぎると血流障害や神経障害につながるので細心の注意を払ってほしい

Elevation（挙上）

患部を心臓より高い位置に挙げることにより、腫れや出血をおさえることができる

Chapter

1

ストレッチング

Stretching

ストレッチを効率よく行う

「ケガのリスクを軽減させてトレーニング効果を引き上げよう」

トレーニングに関する具体的な説明に入る前に、みなさんに目を向けてほしいのが「ストレッチ」です。「走る、投げる、跳ぶ」といったすべての運動動作を瞬時に行う必要があるバスケットボールの競技性に加え、しかもそれを相手とコンタクト（接触）した中で行う状況が少なくないだけに、それに耐えられるような準備をしておく必要があるのです。

そうしたことから本書では「パワーポジション」をメインテーマとしており、その基本姿勢を確立するためにもストレッチは、重要な意味を持ちます。

第1章の流れ

1 レシプロストレッチ

青山学院大が重点的に行っているストレッチ。一つのメニューでいくつもの効果が得られるため、短時間で効率よく進めることができる。ウォーミングアップだけでなくクールダウンでも取り入れてほしい

↓

2 スタティックストレッチ

日本国内で主流となっている静的ストレッチの基本。だが、しっかりと意識しないと、フォームが崩れやすい。一定の効果を得られるように正しいフォームで行うことを習慣にしてほしい

↓

3 柔軟性チェック

ストレッチを行うことによって、イメージしたとおりの柔軟性を獲得できているか確認する。もし課題点が浮かび上がったら、フォームを確認するとともに行う時間などを調整してみよう

なぜなら、ストレッチは柔軟性の維持・向上を目的として行うとともに、正常な関節可動域を獲得できるからで、ケガを予防する目的も含んでいるのです。

特に腰痛や腱炎といった慢性の傷害に有効で、筋の血流量を上昇させ、代謝を促し、疲労回復の促進をも図ります。つまりストレッチはトレーニングや練習時のケガのリスクを軽減させ、次のトレーニング効果を上げるためにも欠かせないものなのです。

レシプロストレッチとは

神経系を利用した効果抜群のストレッチ！

レシプロストレッチに利用する神経系の機能

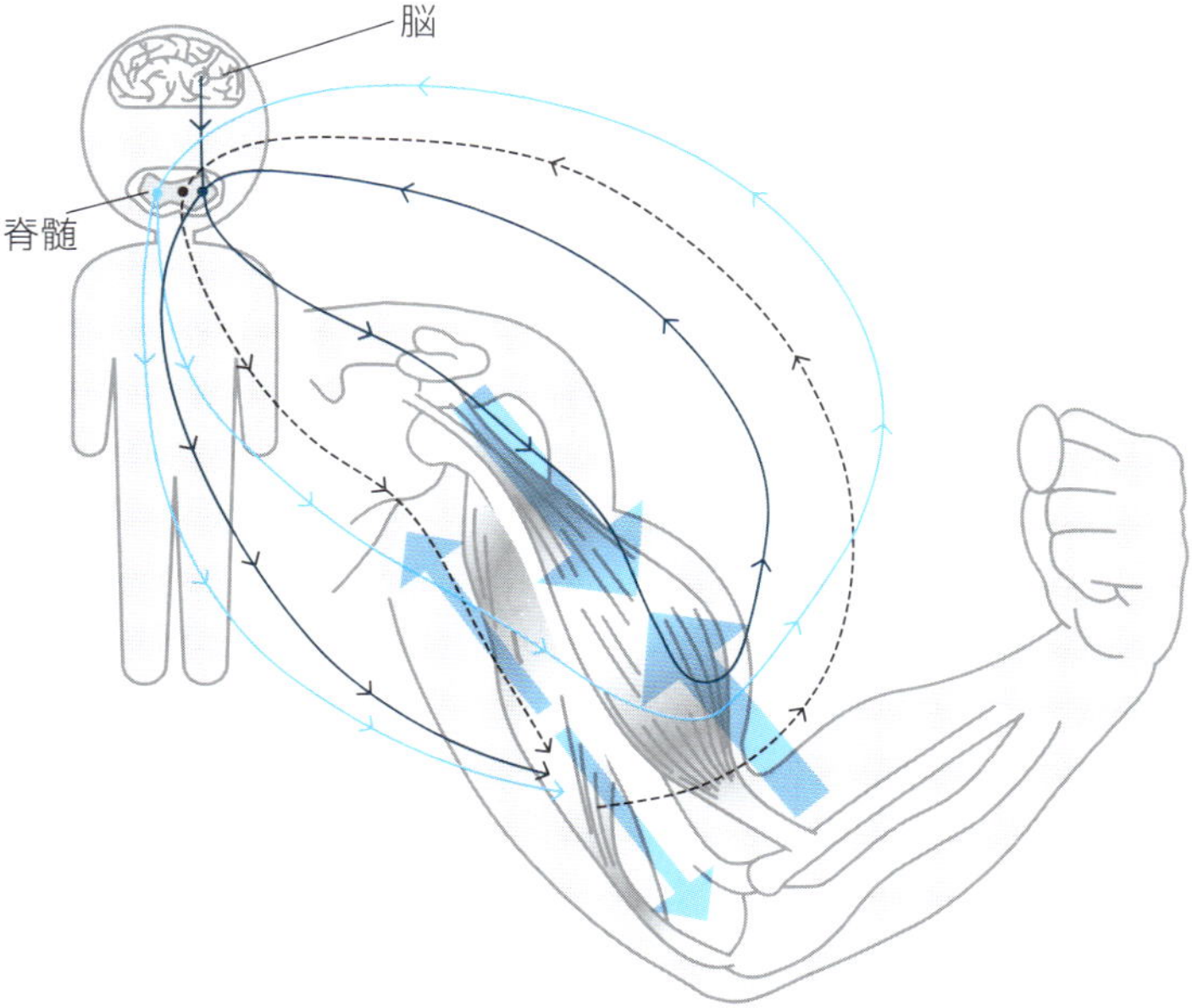

練習前のウォーミングアップおよび練習後のクールダウンにおいて、私たちは主に「レシプロストレッチ」を行っています。

「レシプロストレッチ」とは、語源となっている相反神経支配（Reciprocal Innervation）の他、次のような様々な神経系の機能を利用した、安全かつ短時間で効果的なストレッチのことです。

【レシプロストレッチに利用する神経系の機能】

・表の筋肉が縮むと、裏の筋肉が緩む（ストレッチされる）という「相反神経支配」という機能（※上図——線）

・裏の筋肉に緩む（ストレッチされる）力がかかると、腱にあるセンサーのスイッチがオンになり、裏の筋肉を適切に緩ませるという機能（※上図----線）

・脳から表の筋肉を縮ませようとする信号が送られると、裏の筋肉が緩み、表の筋肉が効率よく縮むことができるように最適に調節してくれるという機能（※上図——線）

ストレッチの種類では反動を使わずに行う「スタティックストレッチ」がポピュラーですが、様々な神経系の機能を利用し、自分の筋肉を使ってストレッチをする「レシプロストレッチ」の方が柔軟性の向上に効果的です。

【レシプロストレッチ①】クアド

大腿四頭筋（quadriceps muscle）の柔軟性を高める

しっかりとしたパワーポジションをとる上で大事な部位の一つである大腿部、すなわち太もものストレッチです。

素早い動き出しから加速し、瞬時に止まる。この一連の動作をスムーズに行うためにも、太ももの柔軟性が欠かせません。十分なウォーミングアップを行わなかったり、疲労がたまった状態でいきなり激しい運動を行うと、肉離れなどのケガにつながる恐れがあるので注意してください。

Front View

両手を床に着いて膝を折り曲げ、つま先立ちの姿勢をとる。その体勢のまま、体をゆっくりと後ろに倒しつつ、膝を床に近づけていく。こうすることで大腿部の表が伸ばされ、裏の筋肉が緩む。ハムストリングスと大殿筋に力を入れ、大腿部前足部を伸ばしていく

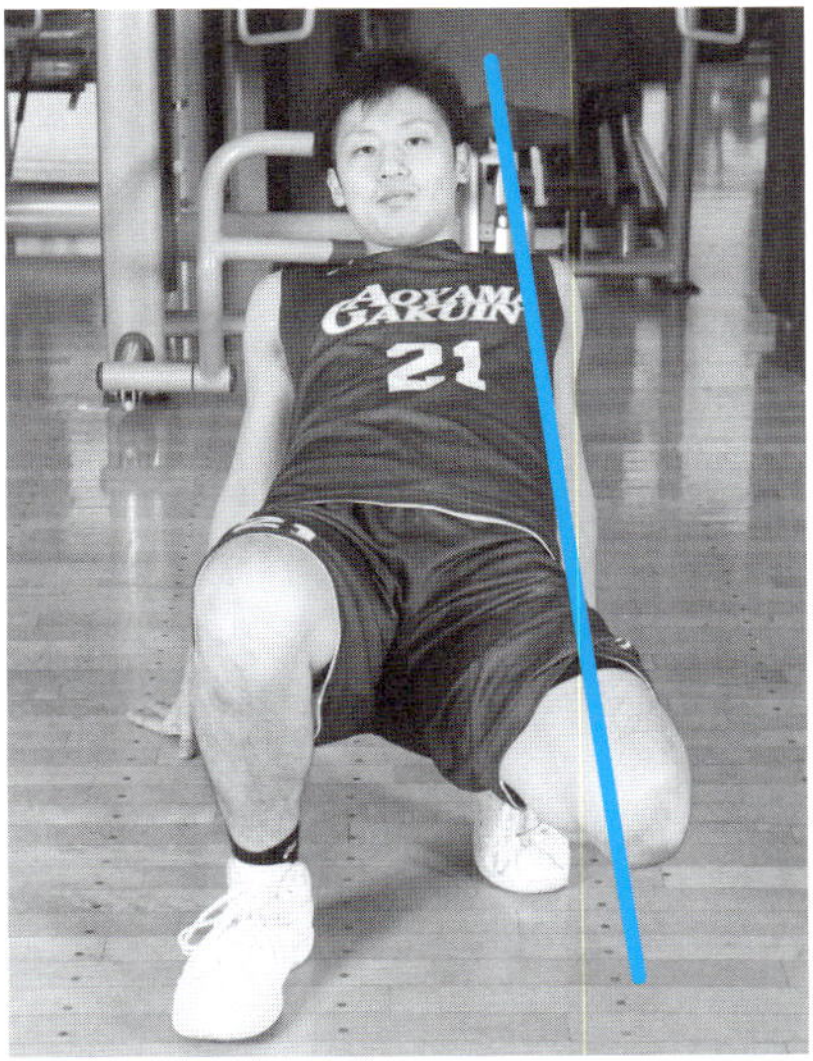

Side View

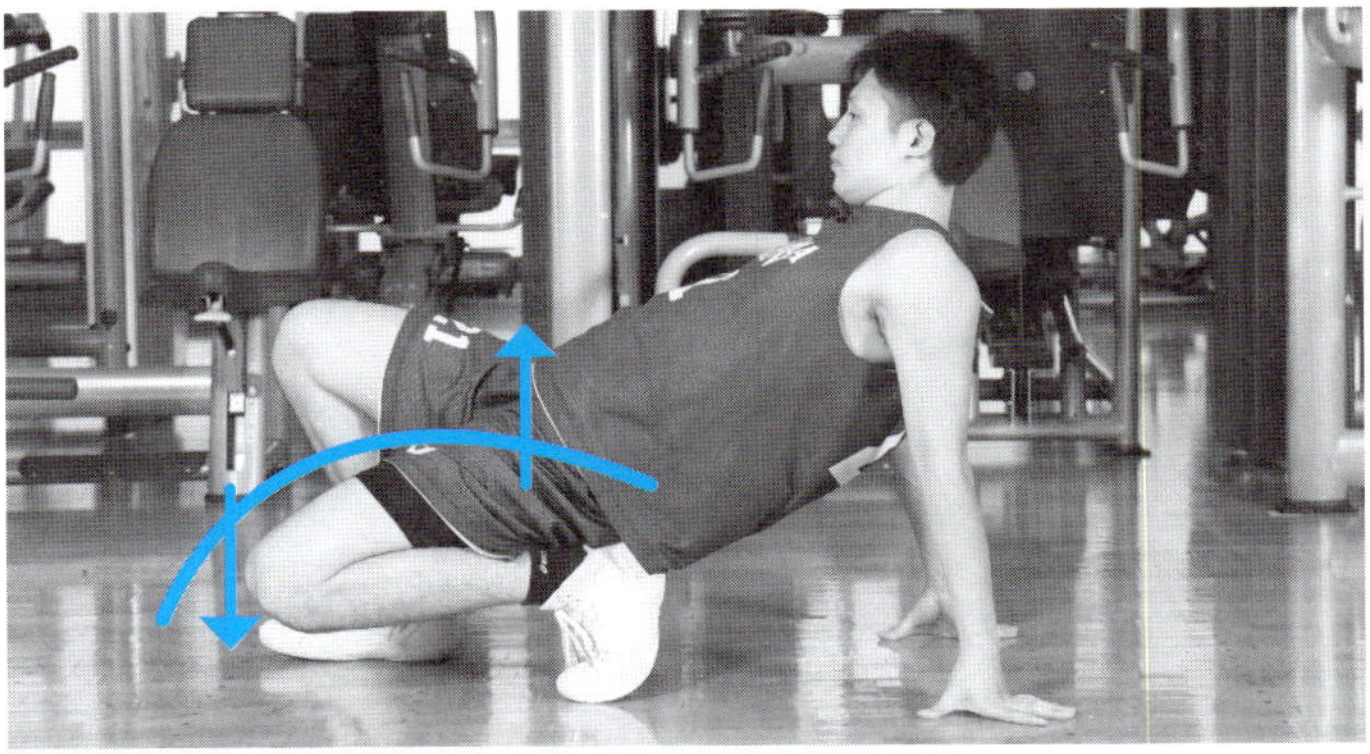

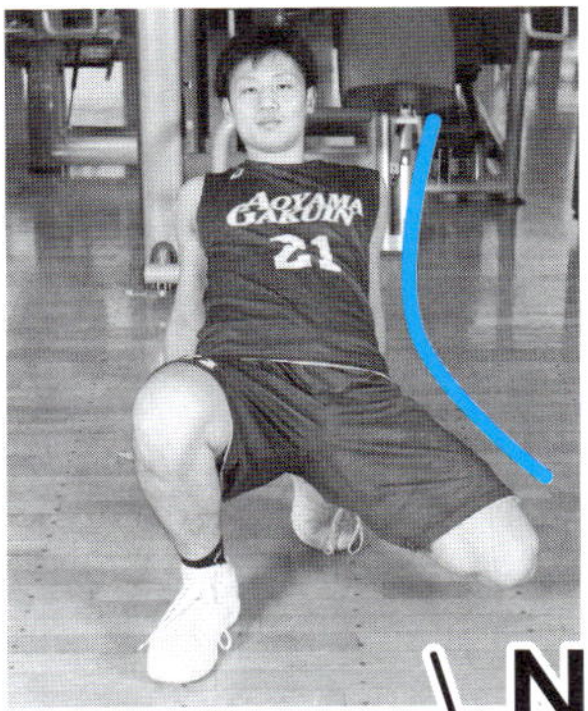

NG

両足の膝が開かないように注意しよう

【レシプロストレッチ②】ランジ
大腰筋と腸骨筋の柔軟性を高める

Front View

片方の足（写真では左足）の膝を立てて前に出す。大殿筋とハムストリングスに力を入れながら、股関節を床に押し込む。さらにストレッチしている側の手を真っすぐ上げる

Side View

＼NG／

体がそらないように気を付けよう

（写真では左足の）大腿部の奥にある「大腰筋と腸骨筋」を伸ばすストレッチです。大殿筋とハムストリングスに力を入れながら、股関節を床に押し込みます。

この大殿筋は走ったり、跳んだりする際のいわば、エンジンのような存在であり、パワーポジションからの動きの精度を高めるとともに、相手とのコンタクトにも威力を発揮します。そのお尻の筋肉も伸縮させるストレッチを行い、柔軟性を高めることが大切なのです。

また、ストレッチしている側の手を真っすぐに上げることで上半身のストレッチを兼ねることもできます。

【レシプロストレッチ③】ジャックナイフ

ハムストリングスの柔軟性を高める

胸と大腿部を付けて、アキレス腱から足首の部分を持つ。前足部の筋肉に力を入れ、膝を伸ばしながら裏のハムストリングスのストレッチを行う

頭が膝から離れないように行おう

ハムストリングス、すなわち太ももの裏面を伸ばすストレッチです。

最初は両方の膝を曲げた状態で、両手でそれぞれの足首からアキレス腱部を持ちます。前足部の筋肉に力を入れ、膝を伸ばしながらハムストリングスのストレッチを行います。

（31ページで紹介した）「クアド」は大腿前足部を伸ばすストレッチでした。それに対してこのジャックナイフで裏面を伸ばします。

このように、表を行ったら裏も行うという具合にバランスをとることがストレッチにおいては大切です。

【レシプロストレッチ④】

カーフ&アキレス腱ストレッチ

ふくらはぎとアキレス腱の柔軟性を高める

コート上で走ったり、止まったり、時にはジャンプするという競技特性のバスケットボールだけに、腓腹筋（ふくらはぎ）から足の裏にかけての下腿部に相当な負荷がかかります。そしてそれらをつなぐアキレス腱も含めてしっかりストレッチを行い、柔軟性を高めておかないとケガのリスクが高まってしまうのです。

膝を伸ばした状態で、上にのせたほうの足で下の足をおさえ込みながら、前脛骨筋（すねの横にある筋肉）に力を入れることによって、ふくらはぎの筋肉を伸ばすことができます **【パターン1】**。

さらにストレッチされる側の膝（写真では左膝）を軽く曲げた姿勢を保ちながら、パターン1と同様のストレッチを行ってください **【パターン2】**。足首の関節可動域がパワーポジションの精度を高める上で重要です。

【パターン1】

膝を伸ばした状態で、上にのせたほうの足で下の足をおさえ込みながら、前脛骨筋（すねの横にある筋肉）に力を入れることによって、ふくらはぎの筋肉を伸ばすことができる

【パターン2】

ストレッチされる側の膝（写真では左膝）を軽く曲げた姿勢を保ちながら**【パターン1】**と同様に行うとアキレス腱が伸ばされる

【ローテーション】

この**【パターン2】**の姿勢で、足関節の骨と骨の間を動かすことによって、骨の配列を定位置に戻すことができます。これは「モビライゼーション」とも言われるテクニックで、足首の強化とケガ防止が目的となります

カーフ&アキレス腱ストレッチのバリエーション

壁などに手を着いても行うことができます

Side View

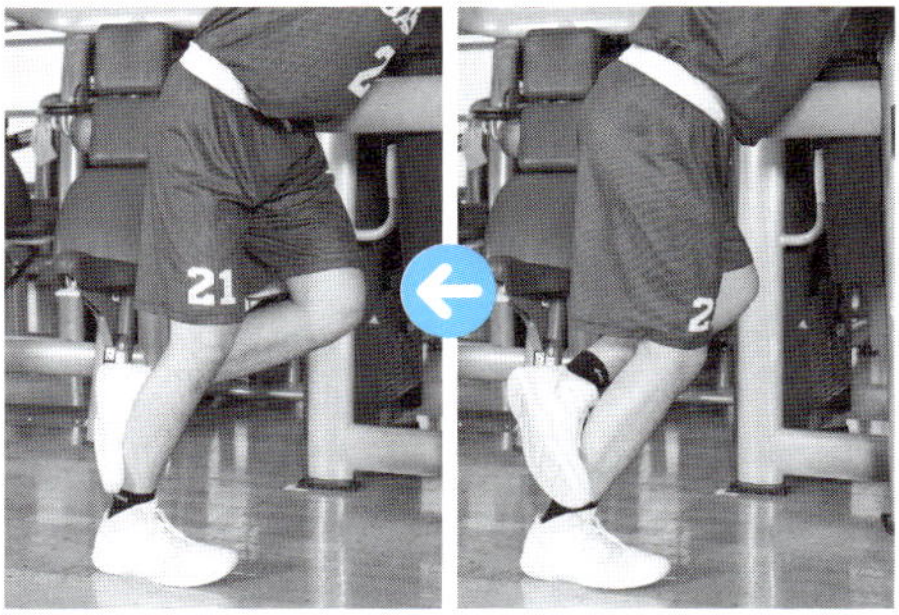

Back View

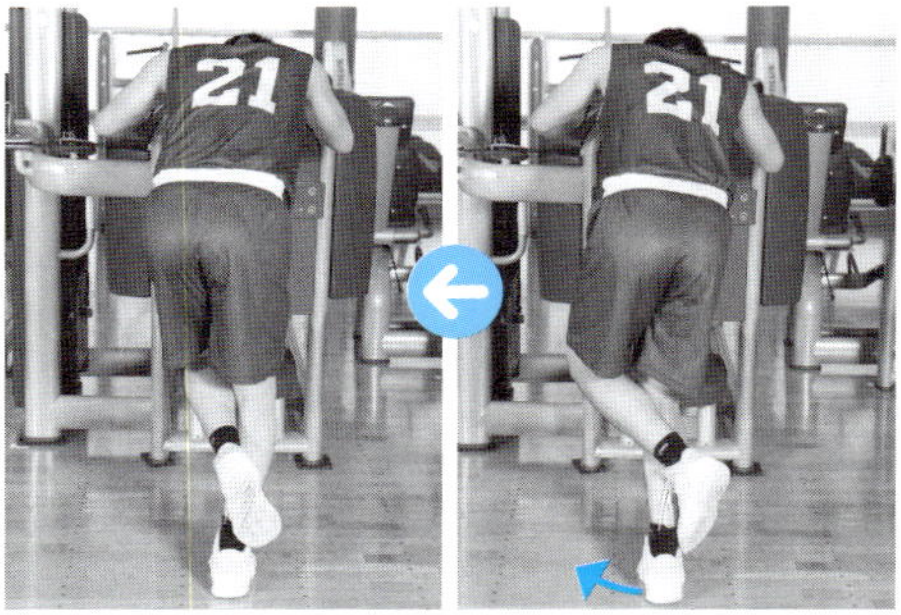

【スタティックストレッチ①】

大殿筋

お尻の筋肉の柔軟性を高める

ここからは反動をつけずに筋肉を伸ばす「スタティックストレッチ」です。走ったり、跳んだりする際のエンジンのような存在である大殿筋、すなわちお尻の筋肉の柔軟性を高めるスタティックストレッチを二つ紹介しましょう。

一つ目（右）は、伸ばす側（写真では右側）の膝を、90度を目安に曲げながら股関節を屈曲させ、上半身を前に倒すストレッチです。こうすることで（写真では右側の）大殿筋を伸ばすことができるので、逆側も同様に行いましょう。

もう一つは（左のように）左右両方の膝を立てて座り、片方の足を、もう一方の足の大腿部の上に引っ掛けるようにしてのせます。その状態のまま体を少しずつ前に倒していきます。両手を支えにして、腰を少し浮かせることによってお尻の筋肉が伸びます。

その際に、のせるほうの足を浅く組むことによってお尻の筋肉が伸びやすくなることを覚えておいてください。

【パターン1】

伸ばす側（写真では右側）の膝を、90度を目安に曲げながら股関節を屈曲させ、上半身を前に倒す

【パターン2】

左右両方の膝を立てて座り、片方の足をもう一方の足の大腿部の上に引っ掛けるようにしてのせて、体を少しずつ前に倒していく。腰を少し浮かせることによってお尻の筋肉が伸びる

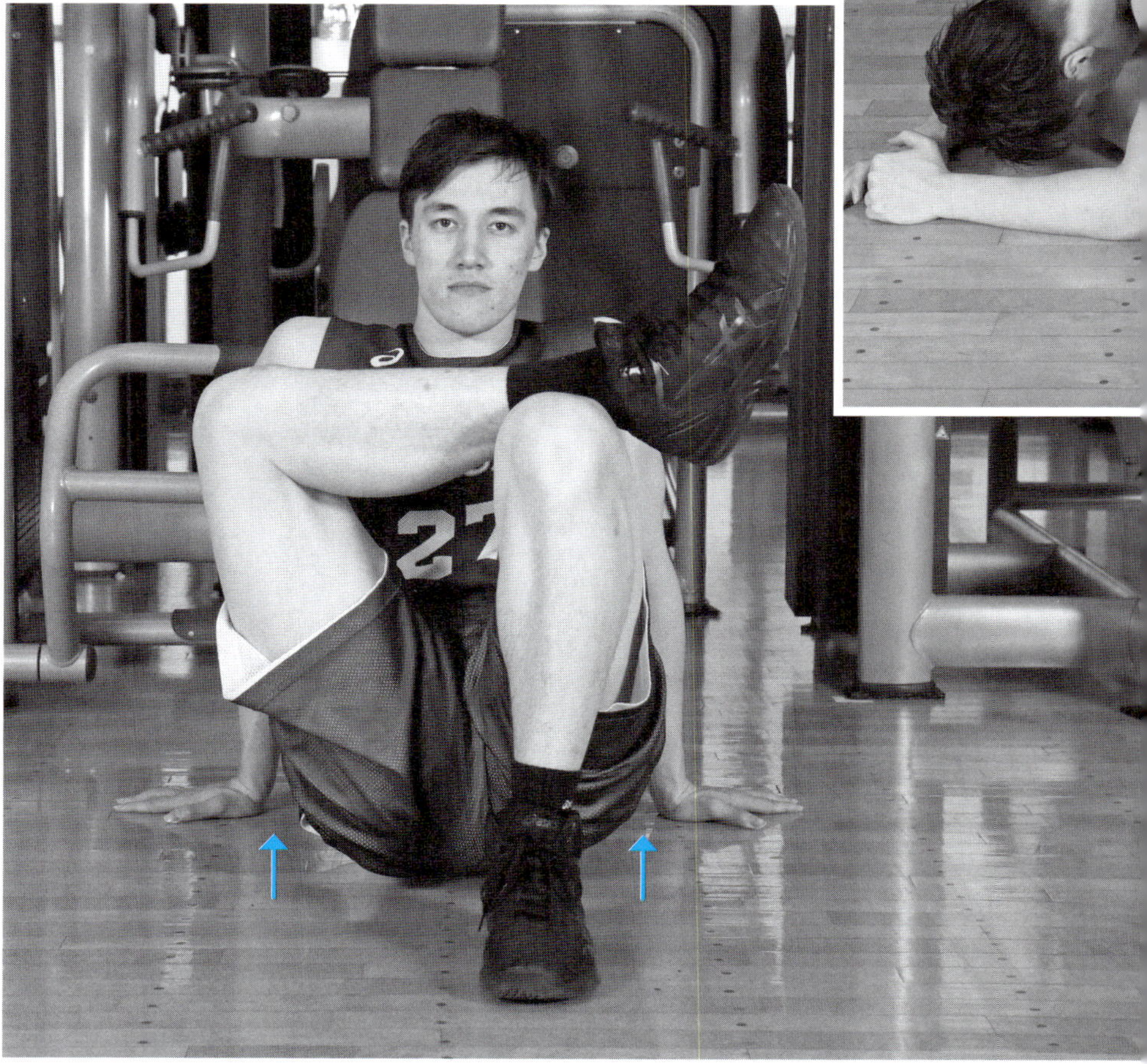

【スタティックストレッチ②】

内転筋／股関節

開脚して内転筋や股関節の柔軟性を高める

Front View

両足を開いて真っすぐに伸ばし、つま先を真上に上げて、骨盤を後傾させながら体を少しずつ前のほうに倒していく

背中を丸めたり、下を向くと、体が前に倒れているように感じるが、内転筋や股関節を伸ばすという目的には適っていないので気を付けよう

内転筋、すなわち太ももの内側と股関節を伸ばしましょう。

両足を開いて真っすぐに伸ばし、つま先を真上に上げます。そのまま骨盤を立てながら、体を少しずつ前のほうに倒していきます。その時に伸ばした足の膝が曲がらないように気を付けてください。最初は体が前に倒れなくても、毎日少しずつ行えば内転筋や股関節の柔軟性が高まります。

また、背中を丸めると、体がしっかり前に倒れているように感じますが、これもＮＧです。肘を床に着けるようなイメージで前を向き、体を倒すように心掛けてください。

この内転筋や股関節まわりは、上半身と下半身を連結する役割を担います。パワーポジションから的確なプレーをする上でポイントの一つとなる部位だけに入念にストレッチを行い、柔軟性を高めておくことが欠かせません。

Side View

あごを床に着けるようなイメージで前を向くように

開脚のバリエーション

【ローリング】

開脚の姿勢のまま骨盤を立て、真っすぐに立てていた足を動かし、股関節をローリングさせます。そうすることで股関節から下腿部全体の筋肉の柔軟性が高められます

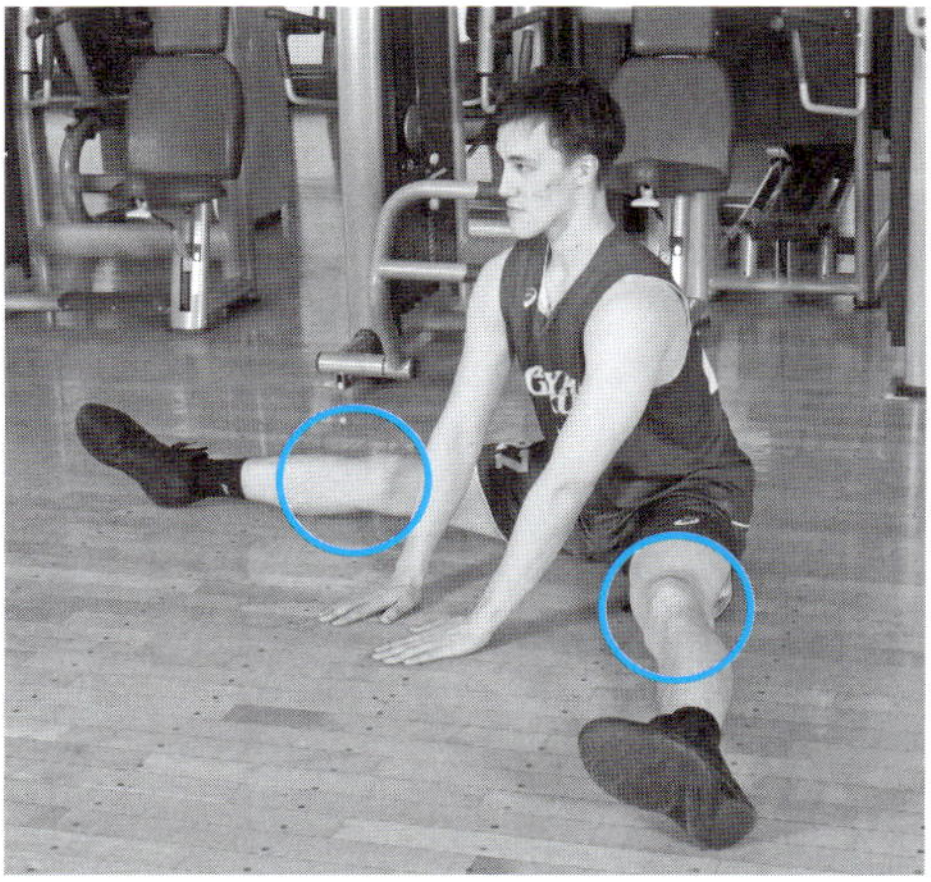

【スタティックストレッチ③】大腿部

表面と裏面を両方伸ばす

【パターン1】

つま先を真上に上げて長座の姿勢をとり、体を少しずつつま先のほうに倒していく

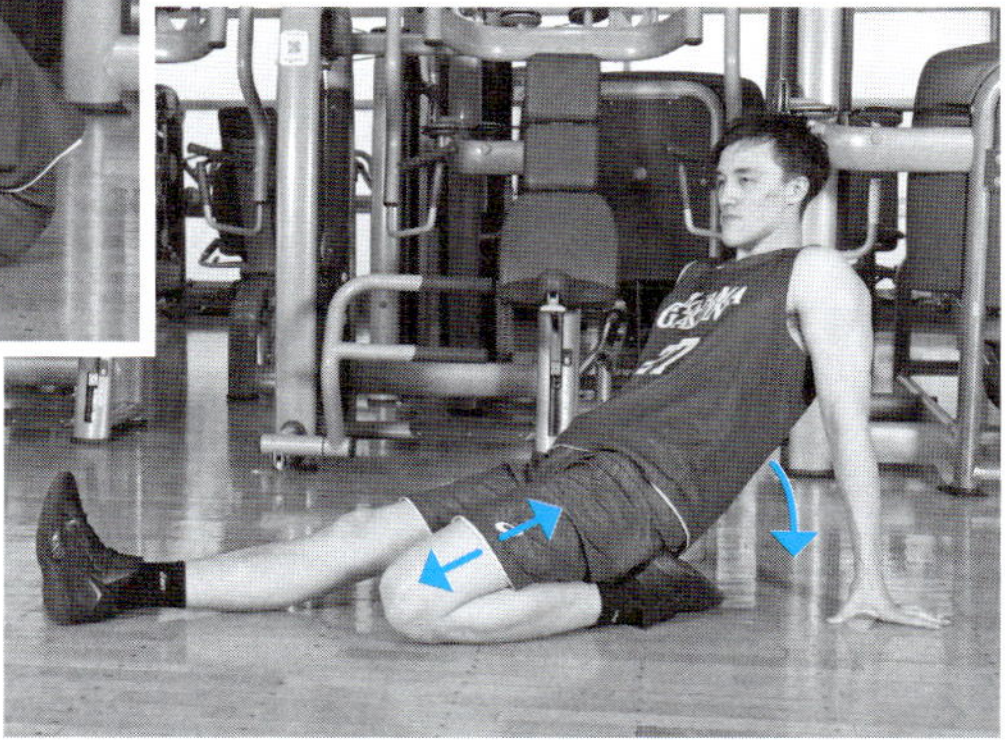

【パターン2】

片方の膝を折り曲げ、足首から先をお尻の下に入れるような格好をとり、そのまま体をゆっくりと後ろに倒していく

しっかりとしたパワーポジションをとる上で大事な部位の一つであるハムストリングス、すなわち大腿部裏面のストレッチです。素早い動き出しから加速し、瞬時に止まる。この一連の動作をスムーズに行うためにも、太ももの柔軟性が欠かせません。

まずは長座の姿勢をとり、体を前傾させていくことでハムストリングスが伸ばされます**【パターン1】**。

次に片方の足（写真では左足）の膝を曲げて、足首をお尻の下に入れます。こうすることで大腿部の表面が伸ばされます。このように表面と裏面、両方を伸ばすようにしましょう。

ただし、足首に負担や痛みが出るプレーヤーは横向きになって行ってください。レシプロストレッチ「クアド」と「ジャックナイフ」のプラスαとして取り入れましょう。

【スタティックストレッチ④】体側
体の側面を伸ばす

コート上では、体をひねるシーンが多くあります。片手でパスを出す時や、相手やチームメートの動きに応じて、方向転換を図る時などです。特にボールから目を離さず、下半身だけを進行方向に向けるような動きでは、体の側面すなわち体側に強度な負荷がかかります。それだけに体の側面の筋肉をストレッチする必要があるのです。

横向きになり、逆の足を伸ばしている足とクロスさせるように前に持ってきます。そして手（写真では左手）でお尻を持ち上げるようにして、体を前にねじることによって体の側面を伸ばすことができます。

横向きになり、逆の足を伸ばしている足とクロスさせるように前に持ってくる。そしてお尻を持ち上げるようにして、体を前にねじる

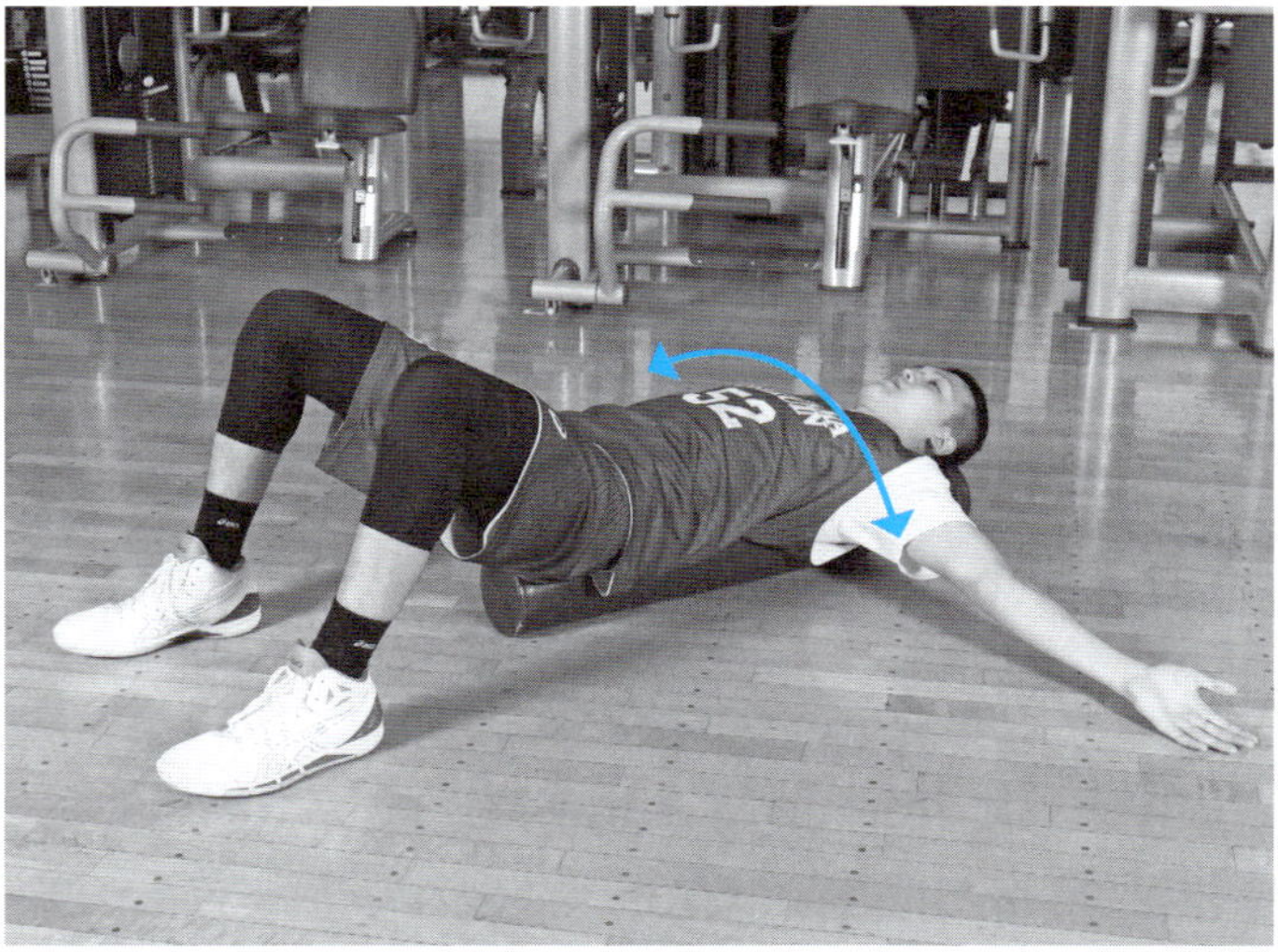

肩甲骨

【器具を使ったストレッチ】

ストレッチポールを有効に使う

【パターン1】

ストレッチポールに背中を着けて仰向けになる。肩甲骨をくっ付けるようにして可動域を広げていきながら、同時に胸郭を広げて、そのまま両手を真横に広げていく

棒状のクッションのようなトレーニング用具のことを「ストレッチポール」と言います。これを使っていろいろなストレッチができるのですが、特にお勧めしたいのは肩甲骨と胸郭のストレッチです。肩甲骨をくっ付けるようにして可動域を広げていきながら、同時に胸郭を広げていくのです。

そこでまずはストレッチポールに背中を着けて仰向けになってください。そのまま両手を真横に広げていきます。胸の前での開閉動作を呼吸に合わせて10回繰り返します。その際に呼吸は胸を開く時に息を吸い、手を戻すときにはきます【パターン1】。

次に肘を軽く曲げ、肘と手のひらを床に着けます。床から離さず、小さく円を描き、その円を少しずつ大きくしていきます

【パターン2】

仰向けになったまま体の横で、手で小さな円を描き、少しずつ大きな円を描くように動かす

Front View　　Side View

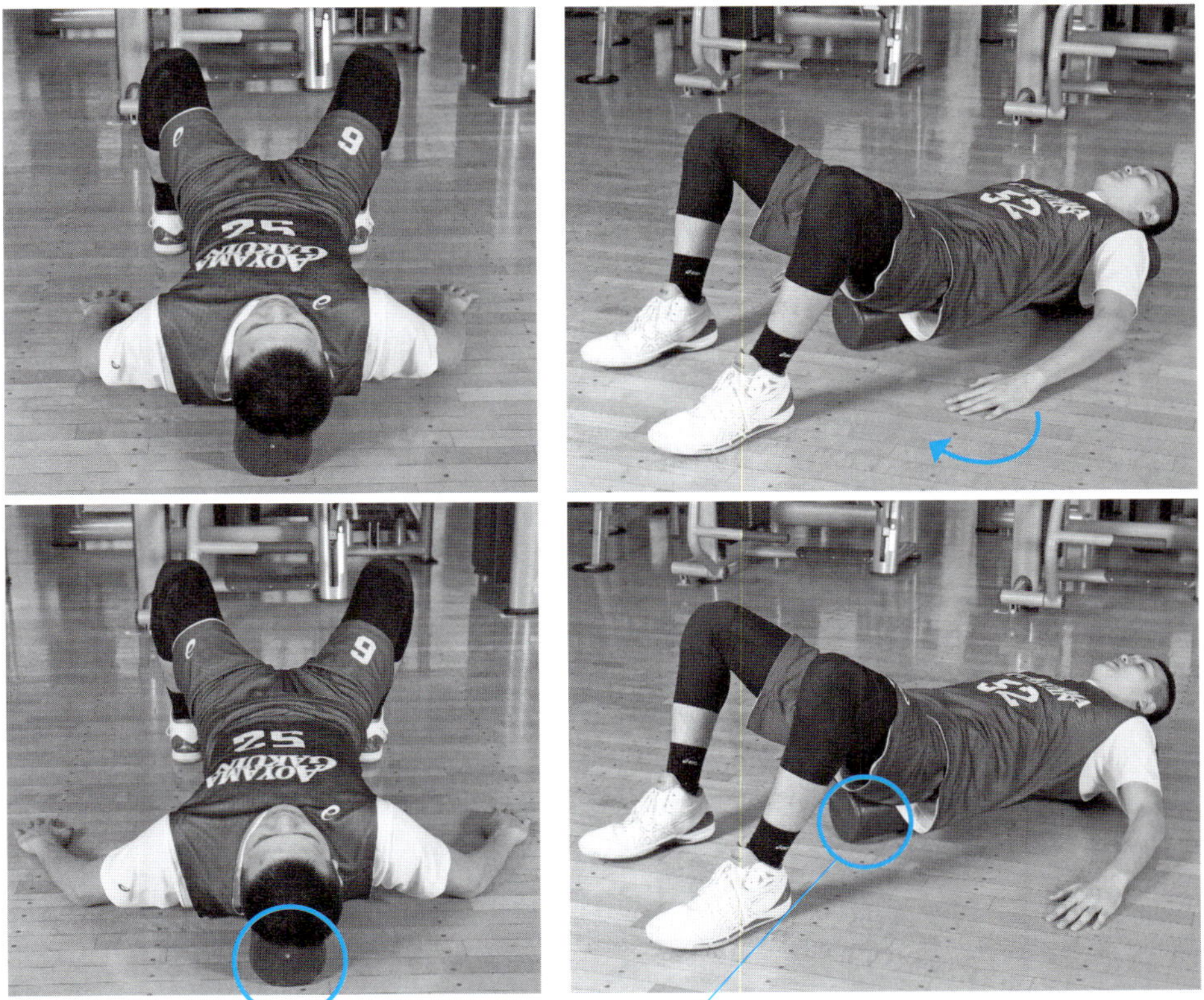

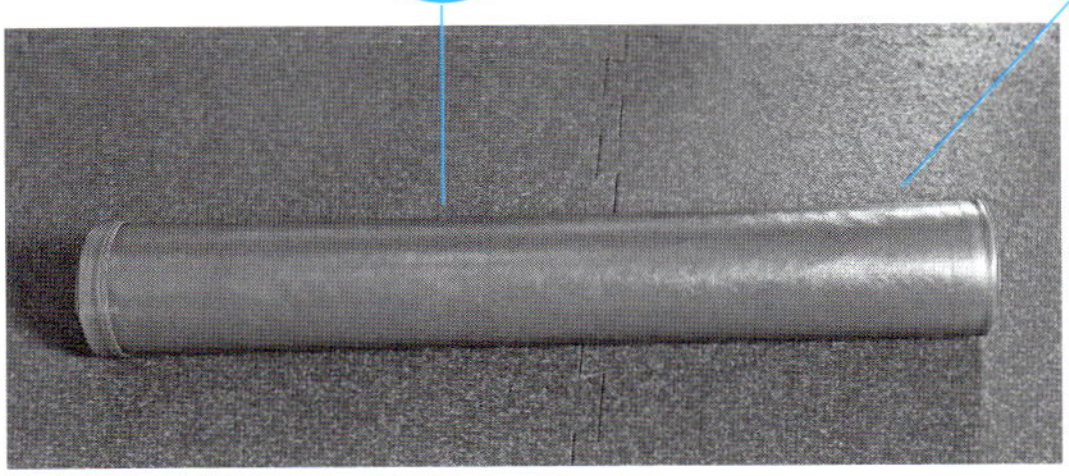

ストレッチポール

肩甲骨と胸郭のストレッチに加え、このストレッチポールに足先をのせることで、アキレス腱やふくらはぎを伸ばせるなど、いろいろな使い方ができます

【パターン2】。下半身だけでなく、肩甲骨や胸郭の柔軟性を高めることはパフォーマンスを向上させる上でも、ケガ予防の面でも重要です。

柔軟性チェック

各部位を屈曲させて確かめる

大腿部から膝にかけてのチェック方法

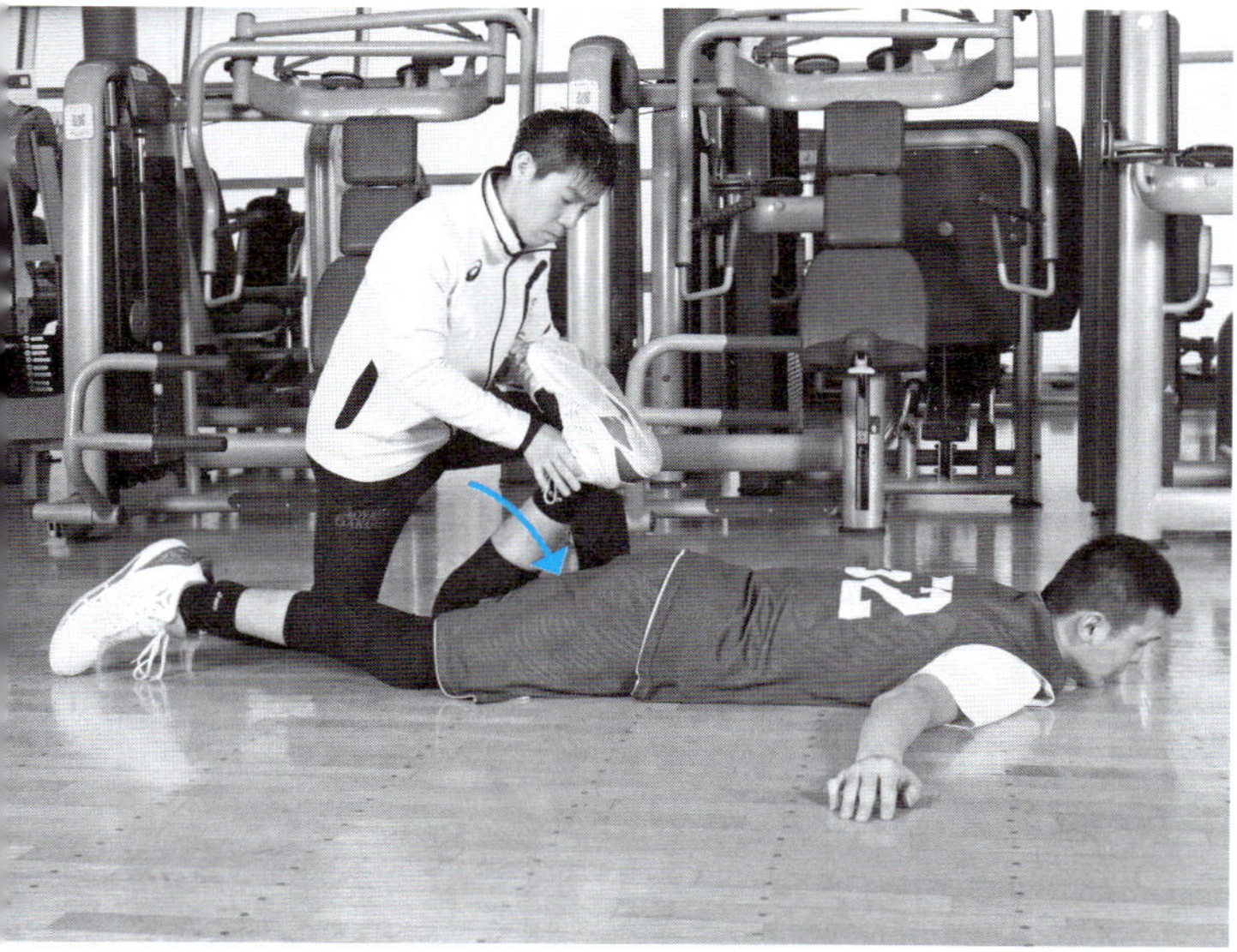

パートナーに片足（写真では左足）の足首をお尻に向かって押してもらい、かかとが付けばOKです。もし付かないようなら、レシプロストレッチ①クアドのフォームを確認して行ってみましょう（31ページ）。

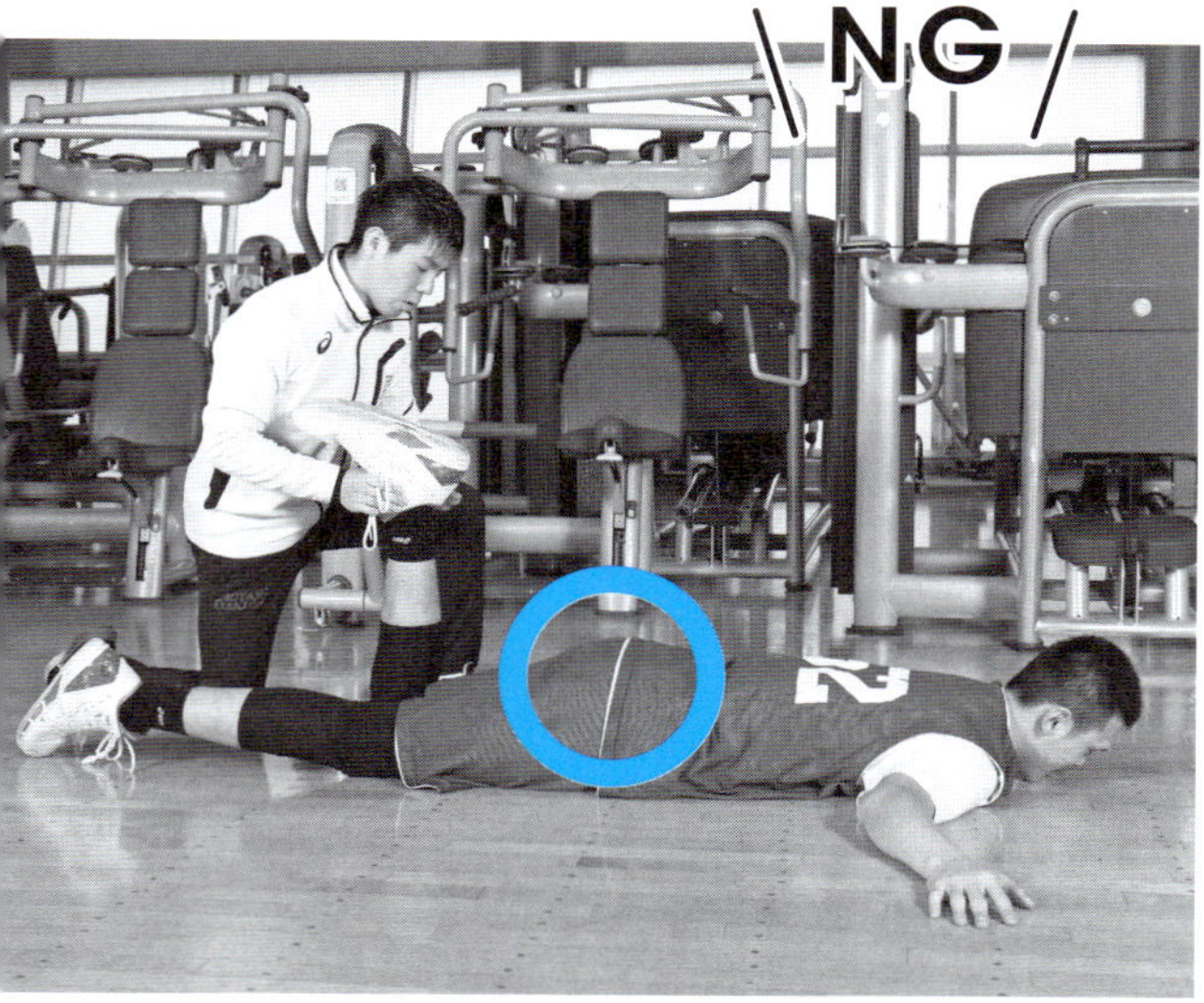

この章で紹介したストレッチを正しいフォームで行うことによって、各部位の柔軟性は高まるはずです。しかしながら、ストレッチが十分でなかったり、フォームが正しくないと、効果は薄れてしまいます。そこで定期的に柔軟性をチェックして確認するようにしましょう。

パートナーに片足（写真では右足）の膝を胸のほうに押してもらってください。その時に逆の足が上がらなければOKです。膝が胸のほうまで近づかなかったり、逆の足が浮いてしまう場合にはレシプロストレッチ②ランジのフォームを確認して行ってみましょう（32ページ）。

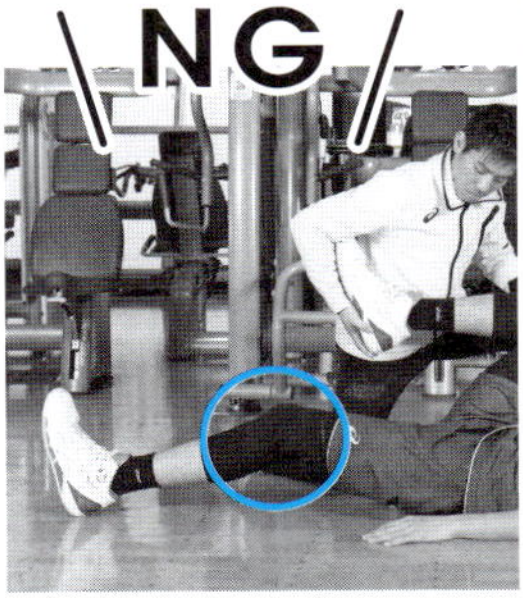

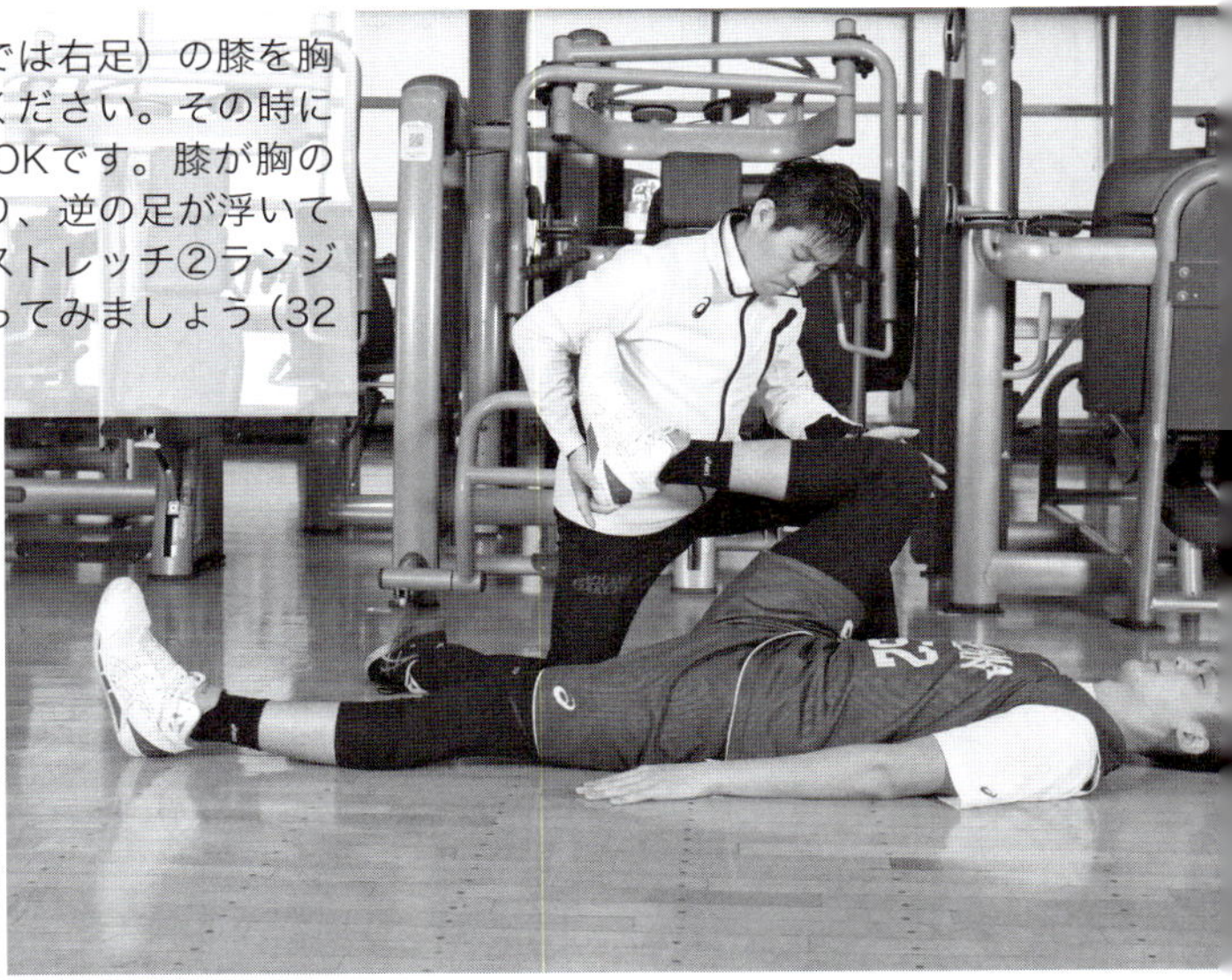

大殿筋とハムストリングスのチェック方法

前屈した際に両手が床に着くとともに、背中が床に対して平行になればOKです。もし手が床に着かず、背中が丸まるようなら、レシプロストレッチ③ジャックナイフのフォームを確認して行ってみましょう（33ページ）。

肩甲骨のチェック方法

棒状のもの（写真はバーベルのバー）やひもなどを両手で持って、高く上げます。そうして体を真っすぐにしたまま、左右の肩甲骨を付けるようにし、頭の後ろを通って降ろせればOKです。もし頭上で引っ掛かったり、体をひねらないと降ろせない場合には、ストレッチポールを使った肩甲骨ストレッチのフォームを確認して行ってみましょう（42ページ）。

体をひねらないと降ろせない場合、肩甲骨の柔軟性を見直そう

Chapter
2

器具を使わない基本トレーニング

Basic Training

Basic Training

基本になるトレーニングのフォームを確認する

「自重」を負荷にして体の土台を作ろう

次の第3章(69ページ)から、私たちが重点を置いている器具を使ったトレーニングを紹介しますが、成長期にある中学・高校生や、トレーニングの基本を十分に行っていないプレーヤーがいきなりハードなトレーニングを行うと、負傷につながる危険性が高まってしまいます。

そこでまずは器具を使わない基本トレーニングを正しいフォームで行えるようになってください。自分の体重、いわゆる「自重」を負荷にしてトレーニングを行うことによって安全にトレーニングの基本を覚えることができます。

腕立て伏せ、背筋、ス

クワット、体幹といった基本トレーニングを正しいフォームで行うこと。それらを繰り返すことで体の土台がしっかりするとともに、さらに負荷が高いトレーニングにステップアップできるように準備が整います。

第2章の流れ

1 腕立て伏せや背筋の基本

器具を使わない基本トレーニングの代表格だが、フォームが崩れたまま行うと、トレーニングの効果が薄れてしまう。ここで正しいフォームを意識して、自主練習にも取り入れてみよう

↓

2 特性に見合ったスクワット

本書のメインテーマである「パワーポジション」につながる基本姿勢。スタンスのとり方など、自分自身に合ったスクワットを確認して、繰り返し行おう

↓

3 体幹トレーニング

体幹、すなわち体の中心部にあたる腹筋群を強化するトレーニングをいくつか紹介する。そのトレーニング効果を高めるポイントである「ドローイン」もぜひ覚えてほしい

【基本トレーニング①】

プッシュアップ

胸や体幹を鍛える

Front View

1メートル先を見るような意識を持ち、胸が床に着くところまで下げていく

肩ー腰ー足を結んだラインが曲がったり、腰が落ちて、お腹が床に着くようなフォームだとトレーニングの効果が薄れてしまう

プッシュアップとは、両手を床に着いて体を持ち上げる「腕立て伏せ」のことです。正しいフォームで行うことによって、胸の筋肉や体幹が鍛えられます。ただし疲れてくるとフォームが崩れやすいので、たとえ疲れても正しいフォームを維持できるかどうかがこのトレーニングのポイントになります。

（51ページ上の）写真を見てください。まず腕を伸ばした状態で手を床に着いた時、肩ー腰ー足を結んだラインが一直線になるようにします。そうしてそのラインが崩れないように注意し、胸と体幹を意識しながら、胸が床に着くところまで下げていきます。

その際に1メートル前を見るような意識で行いましょう。

高校生以上の男子であれば、正しいフォームで30回、女子は

Side View

腕を伸ばした状態で手を床に着いた時、肩ー腰ー足を結んだラインが一直線になるように

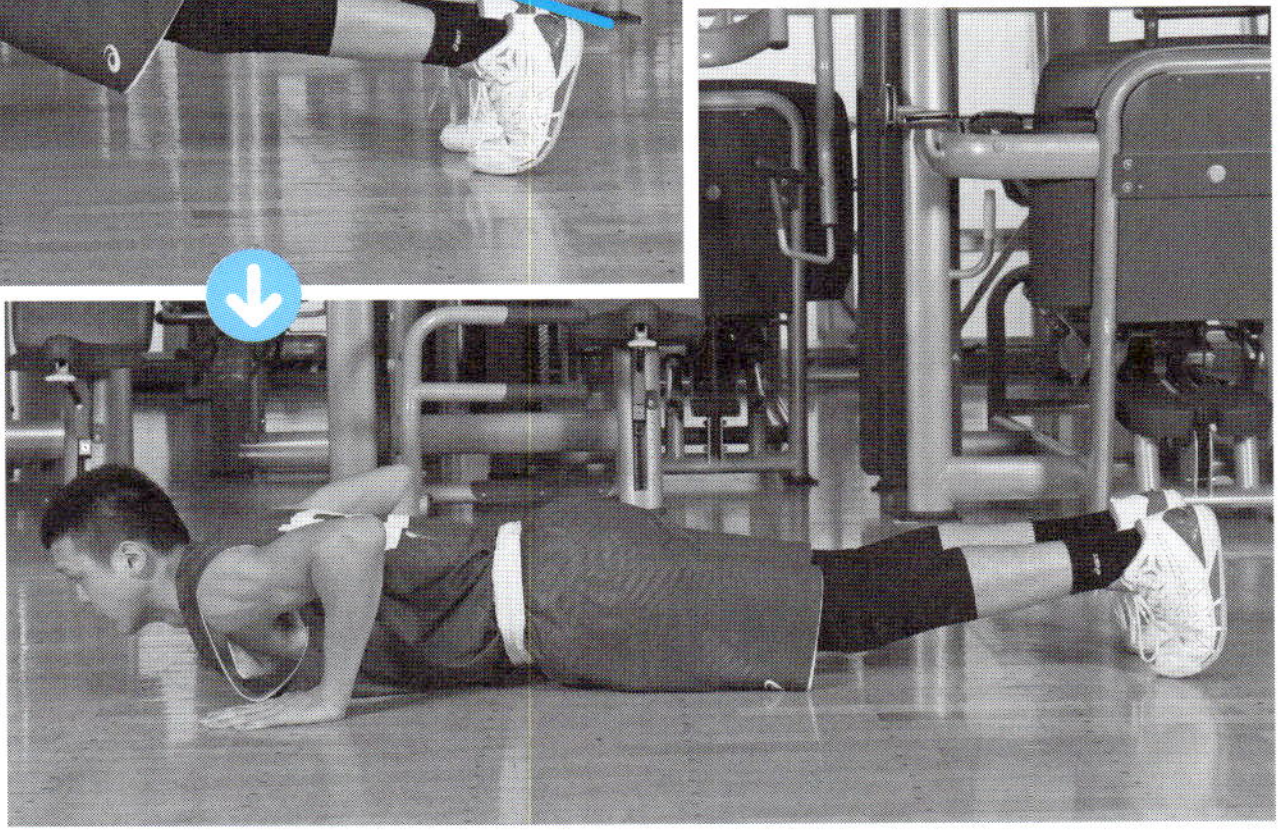

プッシュアップのバリエーション

【膝立てプッシュアップ】

トレーニングを始めたばかりのプレーヤーは、フォームが崩れてしまいがちです。そういう場合は両足の膝を床に着けてまずは行ってみてください。このフォームで安定して行えるようになったら、膝を床から離して行ってみましょう。

15回がしっかりとできることを目標にしてください。

【基本トレーニング②】

背筋

肩甲骨を引くように体を上げる

背筋のバリエーション

【ペア懸垂】

トレーニングをする選手は、仰向けになって、パートナーは中腰になって両手を持ってあげます。そうして仰向けになった状態から広背筋を意識して体を上げます。その際に手で上がろうとしないように気を付けてください。パートナーも手で引き上げようとせず、中腰の姿勢を維持すればOKです。10回×3～5セットを目標に行いましょう。

Side View

うつ伏せになり、左右の肩甲骨を付けながら引くようにして体を上げる

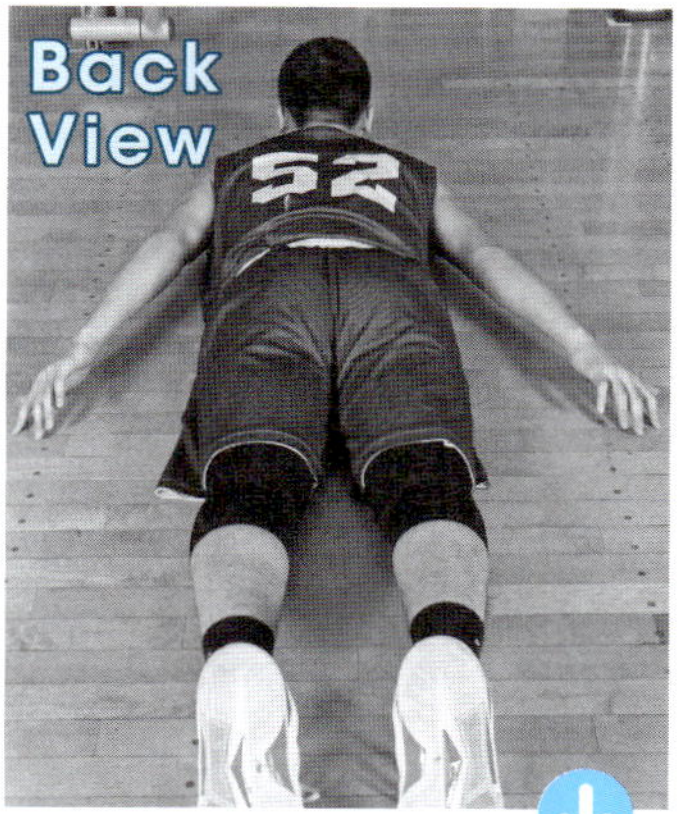

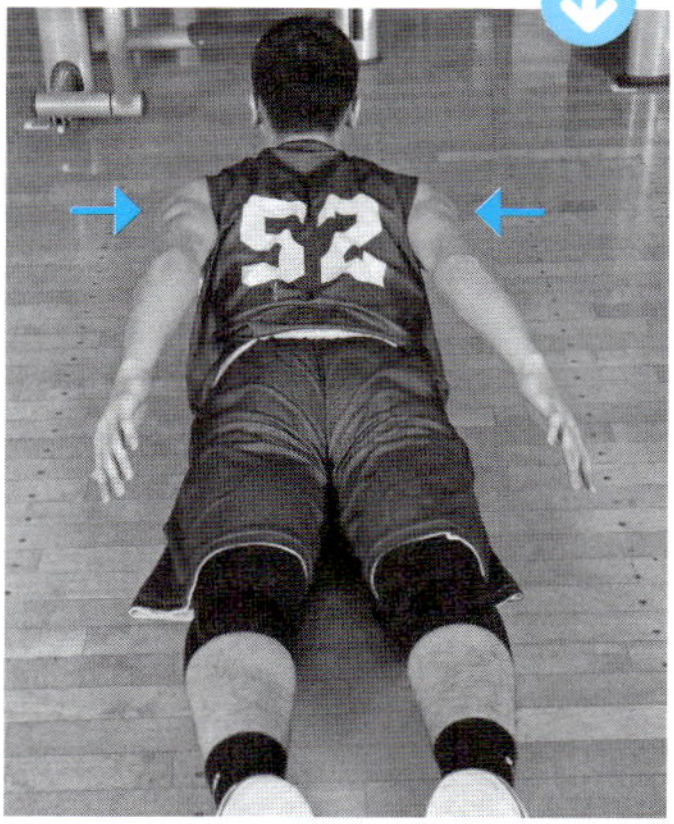

腰をそらして顔だけを上げないように注意しよう

プッシュアップ（50ページ）のように体の前面をトレーニングした際には、体の背面もトレーニングすることが大切です。得てして体の前面ばかりに意識が向きがちですが、体の前後でバランスをとらないと、筋肉を引っ張られて姿勢が崩れ、猫背などになってしまうのです。

うつ伏せの状態から体を上げていきます。その際に左右の肩甲骨を付けながら引くようにすることがポイントです。腰をそらして顔だけ上げるようなトレーニングにならないように気を付けてください。

3秒で上げて、1秒キープして3秒で降ろします。まずは10回を目安にゆっくりと行ってみましょう。

【基本トレーニング③】ヒップリフト

大殿筋とハムストリングスを強化する

【パターン1】 仰向けになって両手を体の横に着き、ゆっくりとお尻を上げていく

58ページで紹介するスクワットにつながる基本トレーニングです。大殿筋やハムストリングスを強化するこのヒップリフトの負荷を高めながら行ってみてください。

まずは仰向けになって両手を体の横に着き、膝を立ててリラックスします。そうして息をはきながら、ゆっくりとお尻を上げていき、膝－腰－肩のラインが一直線になるようにします。3秒で上げて、1秒キープして3秒で降ろします**【パターン1】**。

パターン1を行ってみて、違和感なくできるようになったら、片足のヒップリフトに移行しましょう。片方の足（写真では左足）をあらかじめ上げておき、かかと－腰－肩が一直線になるような姿勢をとります。その状態からゆっくりとお尻を上

げていきます**【パターン2】**。
逆側も行い、さらに負荷を高める場合には、片足（写真では右足）を30センチほどの台にのせた状態で同様に行ってみてください**【パターン3】**。
最初から無理して**【パターン3】**を行うのではなく、フォームを確認しながら段階を踏んで行うように心掛けましょう。

【パターン2】

片方の足（写真では左足）をあらかじめ上げておき、ゆっくりとお尻を上げていく

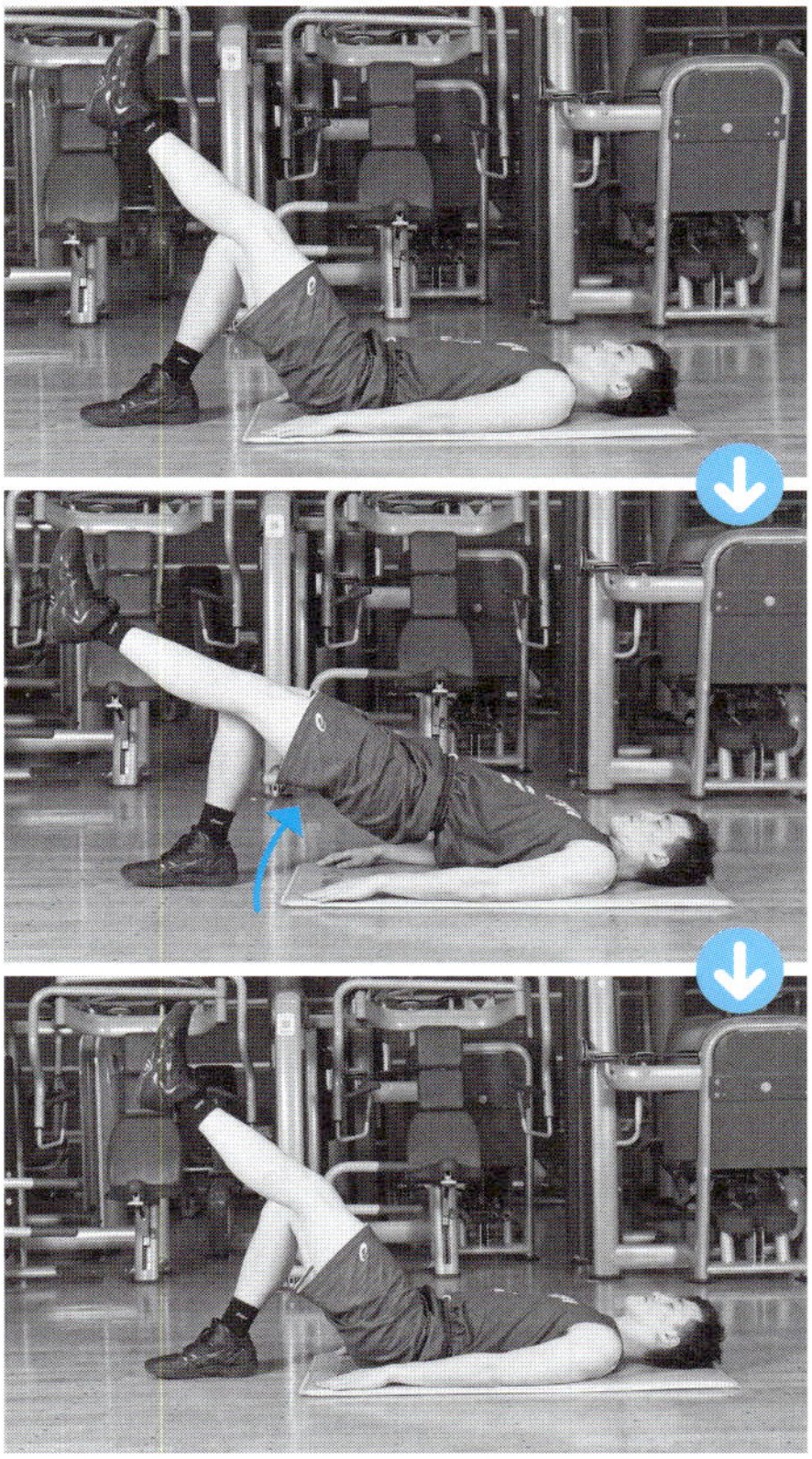

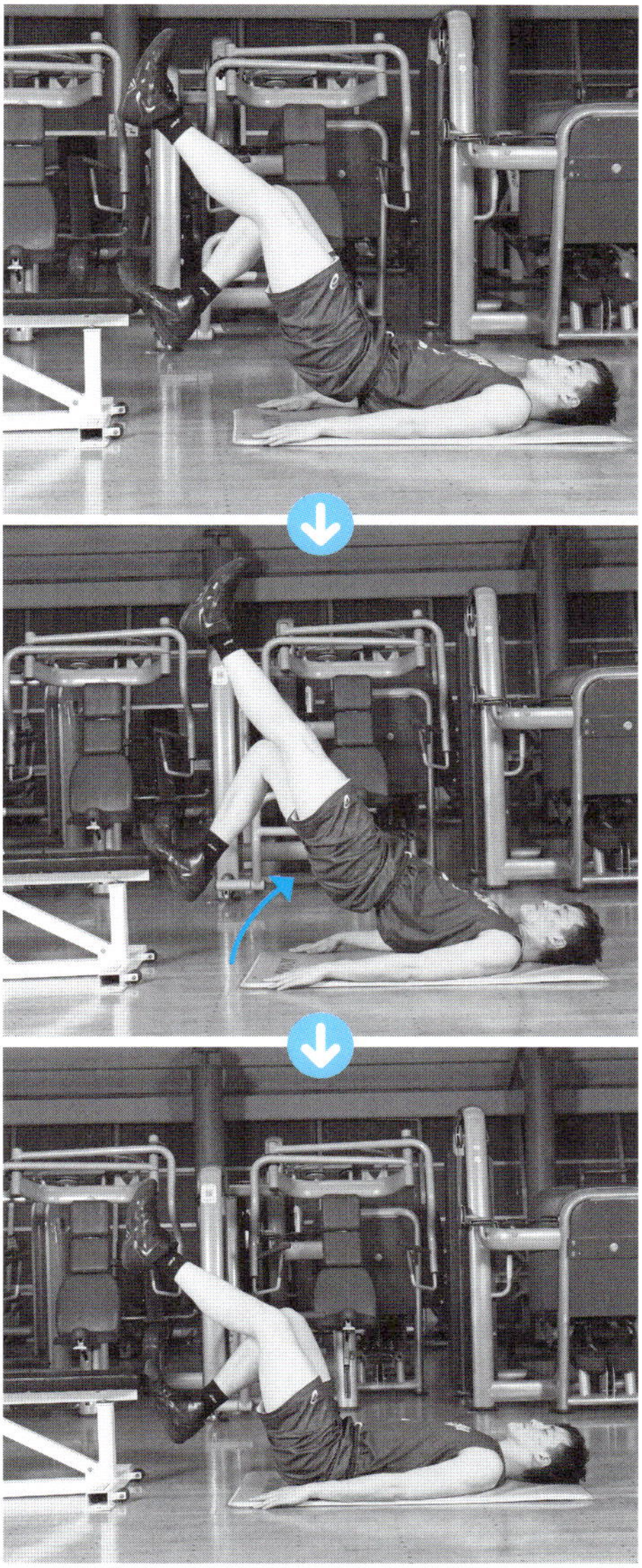

【パターン3】

片足（写真では右足）を30センチほどの台にのせた状態で、ゆっくりとお尻を上げていく。台にのせている足の親指で引っ掛けるようにすると、より大殿筋とハムストリングスを強化できる

【基本トレーニング④】

レッグカール

2人組になって負荷を高める

トレーニングの負荷を高めるためには、回数を増やしたり、時間を長くする他に、2人組になって行うのも手です。ここではハムストリングスを強化する2人組のトレーニングを二つ、それぞれ写真を見ながら説明していきましょう。

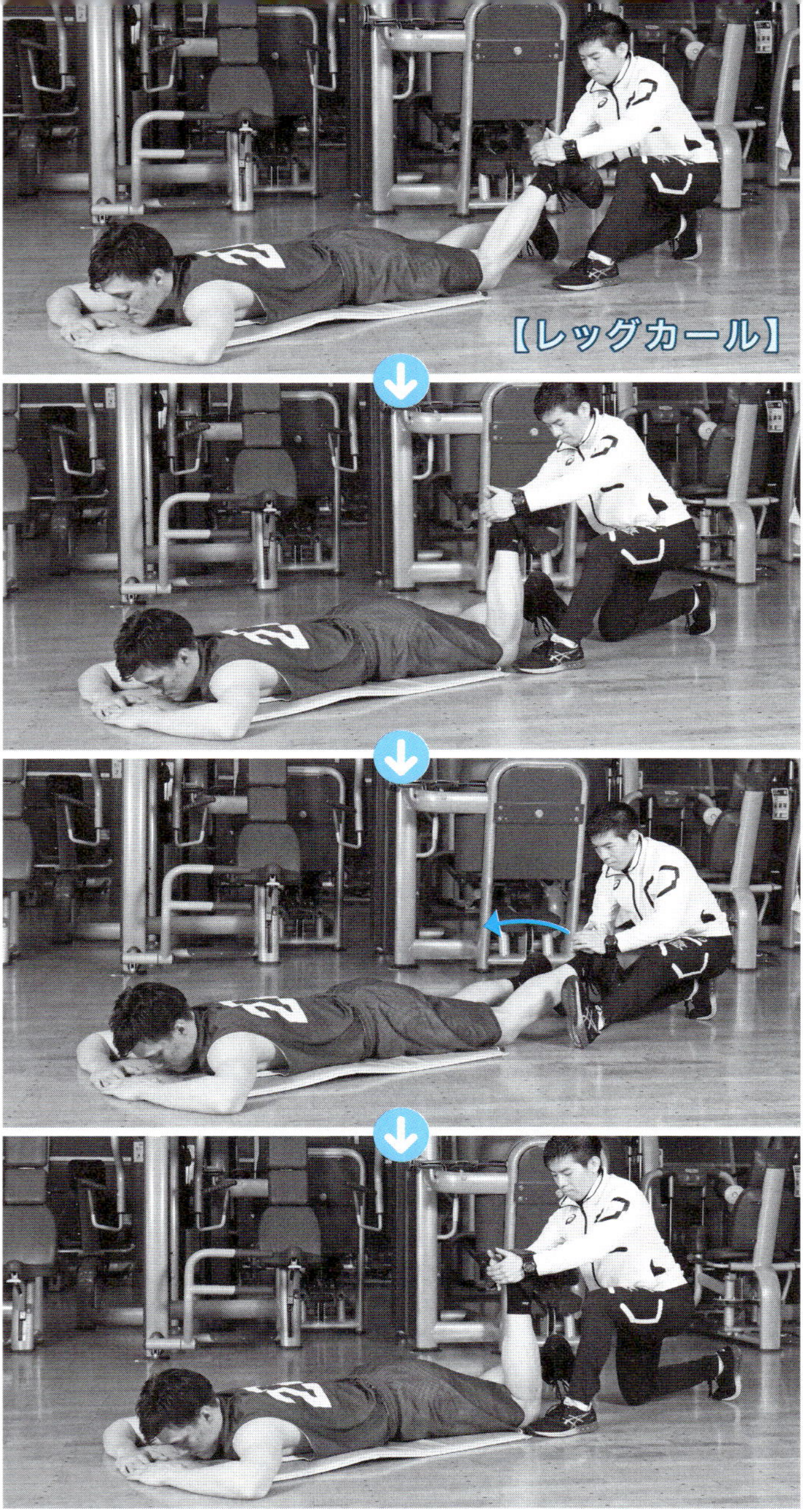

トレーニングをする選手は、うつ伏せになって、パートナーは片足（写真では左足）のかかとに手を添える。うつ伏せになった選手はかかとがお尻に付くようにハムストリングスに力を入れるように。きつ過ぎず、楽過ぎない負荷をパートナーが上手にかけることがポイントだ。２秒で上げて、３秒で戻る動きを10回×３～５セット行う

【ロシアンハムストリングス】

トレーニングをする選手が膝立ちになり、パートナーは両足のかかとをおさえる。膝立ちの状態でハムストリングスに力を入れながら、徐々にうつ伏せの状態になる。ハムストリングスと上半身の反動を一緒に使って元の状態に戻る。3秒で降ろす動きを10回×2～3セット行う

【スクワット①】

スクワットの理想型

狭いスタンスでもできるように

【首の後ろに手を回すスクワット】

両手を首の後ろに回して、体を真っすぐにすることを意識する

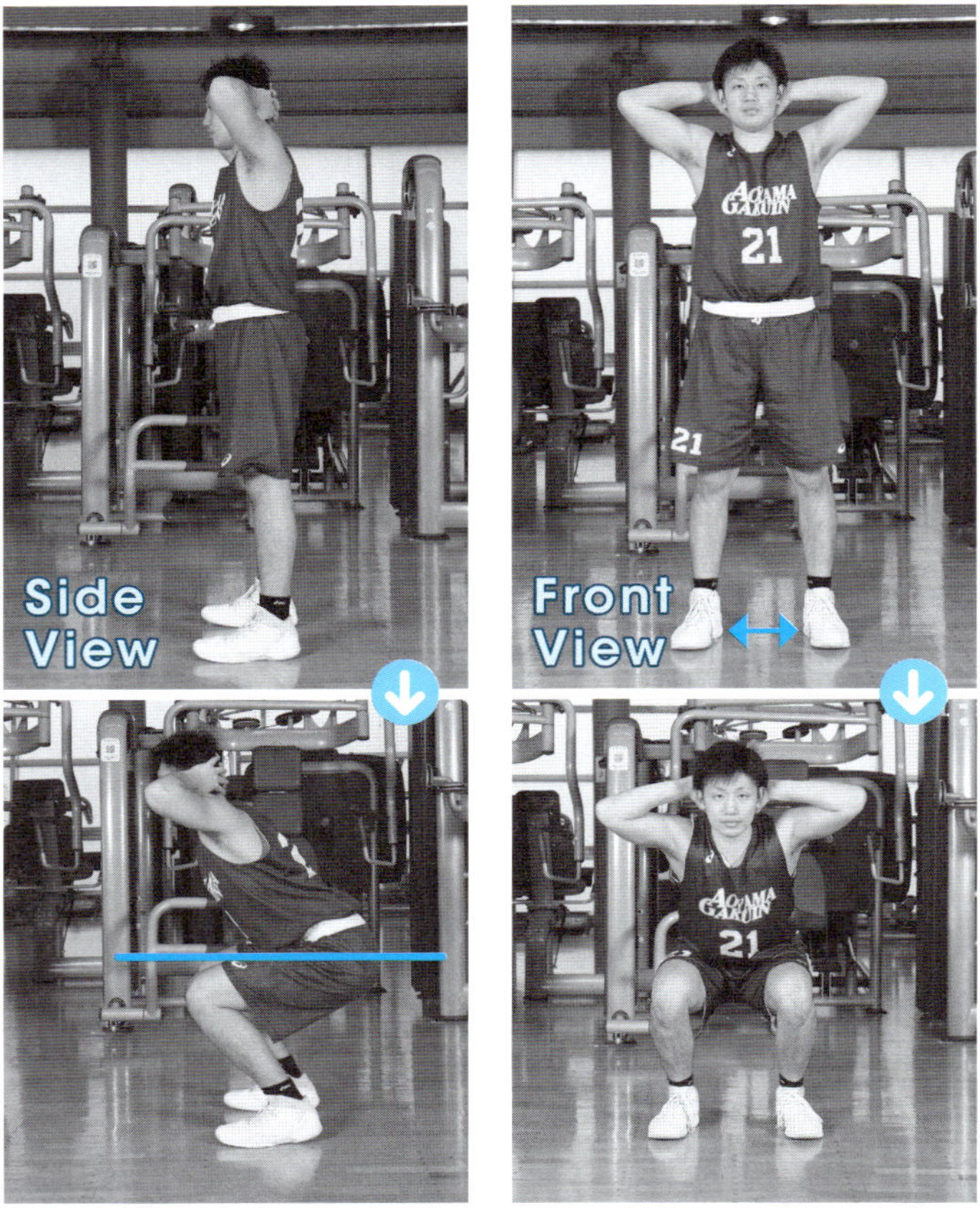

スクワットは太ももや臀部の筋力をつけるトレーニングであると同時に、第４章（１０５ページ）から紹介するバーベルトレーニングの基本にも相当します。それだけに正しいフォームでできるようになることが求められます。このページで紹介する狭いスタンスのスクワットが理想型で、もし難しいようなら、60ページで紹介する方法を試してみてください。

【首の後ろに手を回すスクワット】

両足を肩幅くらいに開き、つま先、膝、肩がしっかりと前に向くように立ち、両手を首の後ろに回します。そうして膝を曲げながら重心を落とす際に、つま先と膝を同じ方向に向けることを意識し、膝

【両手を前に出すスクワット】

体を真っすぐにできない場合、胸の前に両腕を伸ばし、床と水平になるようにして両手を重ねる

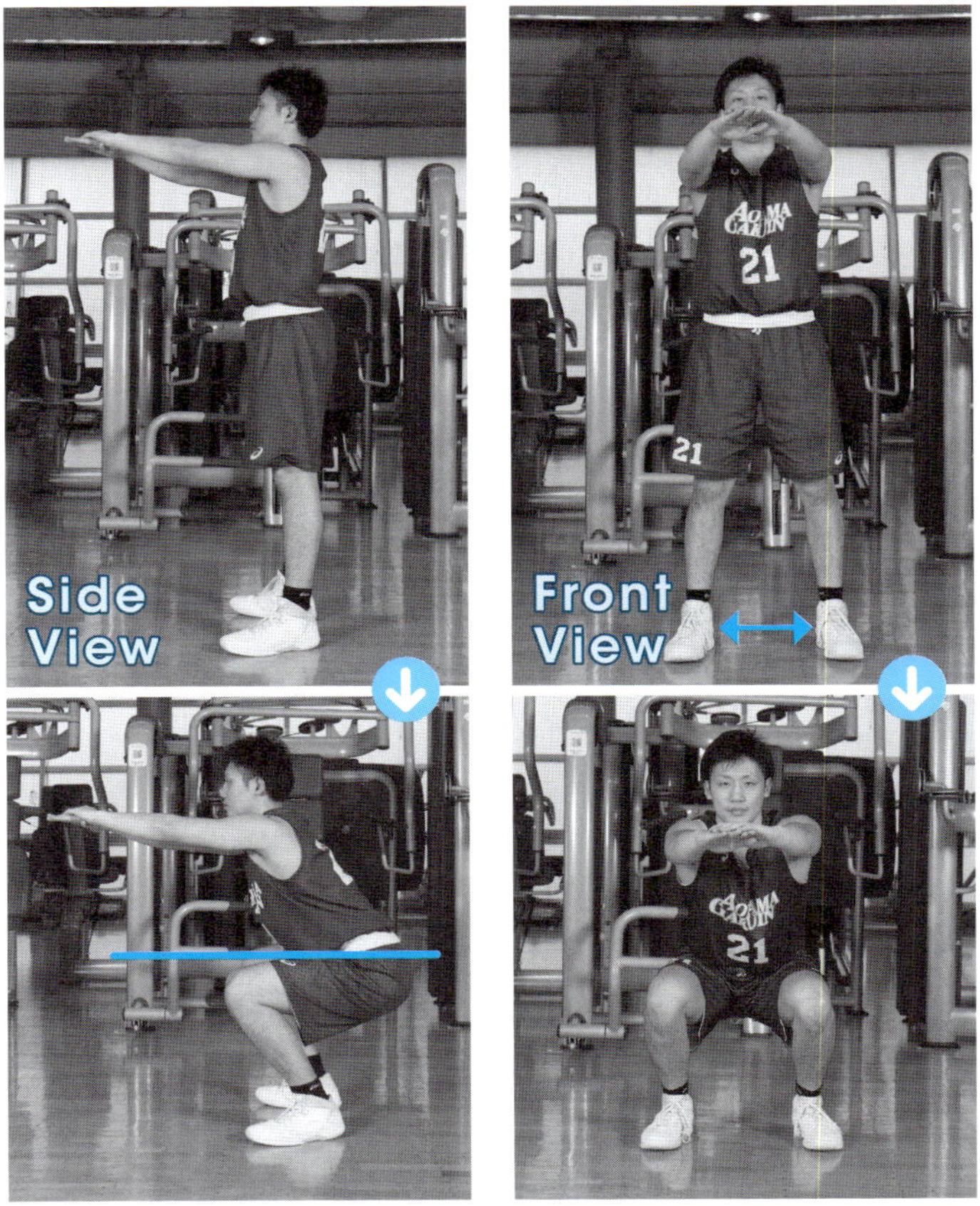

Point!

スクワットのポイント

1. つま先と膝を同じ方向に向ける
2. 膝がつま先より前に出たり、後ろに下がり過ぎないようにする
3. 太ももが床と水平になる

がつま先より前に出たり、後ろに下がり過ぎないようにします。そうして太ももが床と水平になるくらいに膝を曲げていきます。

床と太ももが平行になるくらいに膝を曲げた状態から体を少しずつ上げていきます。ただし完全に立ち上がってしまうと、トレーニングに必要な負荷が体にかからないので、その手前で止めるように心掛けましょう。

【両手を前に出すスクワット】

体を真っすぐにできない場合、胸の前に両腕を伸ばし、床と水平になるようにして両手を重ねて行ってください。

これら正しいフォームでまずは、高校生以上の男子は30回、女子は15回を目標にして行ってみましょう。

【スクワット②】スタンスを工夫したスクワット

スタンスのとり方を工夫する

Back View

大腿部が水平になるまで降ろしきった瞬間、バスケットボールパンツの白いラインが極端に下がる場合、力を発揮できるポジションから骨盤がずれていることが考えられる

58ページで紹介したスクワットを行った際、股関節、膝関節、足関節の屈曲が浅いと、上体が前傾してしまい、力強い姿勢とかけ離れたものになってしまいます。また、太もものラインが床と平行にならず、斜めに傾くとトレーニングに必要な負荷が体にかからなくなってしまいます。

さらに細かくチェックするためには、スクワットを後ろから見ることをお勧めします。この**Back View**の写真を見る限り、スクワットが正しくできているように思われますが、中には両足の大腿部が水平になるまで降ろし切った瞬間、骨盤がくっと下に落ちる場合があります。写真で言うと、バスケットボールパンツの白いラインが極端に下がった状態になるのです。これを「バッドウインク」と言います。

スクワットの難度を下げる

【パターン2】

【パターン1】ができるようになったら、スタンスを肩幅くらいに狭めるが、つま先を外側に向けることでスクワット姿勢をとりやすい

【パターン1】

肩幅よりスタンスを広げることによって、股関節、膝関節、足関節を屈曲させる角度が減り、正しいスクワット姿勢をとりやすくなる

これらができたら58ページのスクワットに再度挑戦してみよう

Basic Training

【体幹トレーニング①】

ドローイン

体幹トレーニングの効果を高める

腹筋や背筋など体の中心にある部位を総じて「体幹」または「コア」と言います。そしてこの体幹を鍛えるトレーニングは、「スタビライゼーション」とも呼ばれています。

お腹の大部分を占める筋肉「腹直筋」を辿っていくと、おへその斜め下あたりに「腹横筋」と言うインナーマッスルがあります。左右それぞれの腹横筋に指を2本ずつ当てて息をはいた時、力が入っているか確認してみましょう。そこに力を入れたり、抜いたりするのに伴い、骨盤が動くことも確認してみてください。これを「ドローイン」と言って、腹筋群を鍛える体幹トレーニングの効果を引き上げる上で大事なポイントになることをおさえておきましょう。

①仰向けに寝て膝を軽く曲げる。自分の骨盤から指2本分内側にずらした場所に指を置く。②息を深く吸った後、時間をかけて、ゆっくりと息をはく。その際、息をはくのに合わせて指を置いた場所（腹横筋）に力が入っていくことを確認する。③息をはき切った後、腹横筋の力が抜けないようにしながら呼吸をし、それを30秒続ける

【体幹トレーニング②】フォーポイント

肩ー腰ー足が一本の線で結べるように

ここからはドローインを意識して行う体幹トレーニングの基本メニューです。

うつ伏せの体勢をとって両方の肘を床に着け、それらの腕と両方のつま先を基点として、体を持ち上げます。顔をしっかりと前に向けて1メートル先を見るようなイメージで行い、肩ー腰ー足が一本の線で結べるように、しっかりと伸ばします。腰が下がらないように気を付けてこの体勢を維持してください。高校生以上の男子であれば60秒、女子は45秒が目標タイムとなります。

NG

腰やお尻が上がってしまうと、体の線が崩れるとともに、体の中心部に負荷がかからなくなってしまうので注意しよう

Point!

フォーポイントのポイント

1. 4つの基点で体を支える
2. 1メートル先を見る
3. 肩ー腰ー足が一本の線となる

Basic Training

【体幹トレーニング③】サイド
体幹の横側を鍛える

体幹の横側、主に外腹斜筋を鍛えるトレーニングです。

片方の肘を床に着けて、横向きになります。その腕と足を基点にして体を持ち上げてください。その時に肩－腰－足のラインが一直線になるようにします。そうして肘を着いていないほうの手は真っすぐ上げておきます。高校生以上の男子であれば60秒、女子は45秒が目標タイムとなります。

＼NG／

疲れてくるとお腹が下がったり、前に出て「くの字」になってしまいがちだが、体勢が崩れないように持ちこたえよう

Point!

サイドのポイント

1. 肘を床に着けて、横向きになる
2. 肩－腰－足のラインが一直線になる
3. 上の手を真っすぐに伸ばす

【体幹トレーニング④】

ブリッジ

大殿筋やハムストリングスにも効果大

仰向けの体勢をとって膝を曲げ、両方の肩と両足を基点にお尻を持ち上げます。そして体のライン、膝－お腹－胸が真っすぐになるようにします。体幹だけでなく、大殿筋や体を支えているハムストリングスも鍛えられます。高校生以上の男子であれば60秒、女子は45秒が目標タイムとなります。片足のブリッジは30秒ずつが目標タイム。床に着けているつま先を上げることによって、より大殿筋やハムストリングスを強化できます。

ブリッジのバリエーション

ブリッジの状態から、片足ずつ真っすぐに伸ばしたまま上げていく。その時にも体のラインが一直線になるように意識しよう

お腹が落ちてしまうと、体のラインが崩れるので気を付けよう

【体幹トレーニング⑤】

ローテーション

「フォーポイント」から体を動かす

65ページまでに紹介した体幹トレーニングは、体を静止させた状態を維持するメニューでした。ここで紹介するのは、体をゆっくりと動かしながら負荷の方向を変えるのに伴い、バランスを維持するメニューです。

写真を見てください。最初は体幹トレーニング②フォーポイント（63ページ）の姿勢をとります。

そこから軸を意識しながら片方の手（写真では左手）を上げ、体が床に対して垂直になるまで開いていきます。そうしたらまたゆっくりとフォーポイントの姿勢に戻り、逆の手を上げて体を開いていきます。

静止させた状態で行うメニューより負荷が高まりますが、3秒で開いて1秒キープして、3秒で戻る動きを左右交互に10回×2〜3セット行ってみてください。

(66ページ)
1：フォーポイントの姿勢をとる
2：片手（写真では左手）を上げながら体を開いていく

(67ページ)
3：床に垂直になるまで体を開く
4：フォーポイントの姿勢に戻る
5：逆の手（写真では右手）を上げていく
6：床に垂直になるまで体を開いたら、フォーポイントの姿勢にゆっくりと戻る

手を上げた時、お尻が落ちたり、体が「くの字」に曲がったりしないように注意して行おう

【体幹トレーニング⑥】

サイドローテーション

「サイド」から体を動かす

サイドの姿勢をとる

片方の手（写真では右手）を降ろしながら体を閉じる

ゆっくりと手を上げてサイドの姿勢に戻る

体を開いた時にお尻が落ちたり、バランスが崩れないに気を付けよう

体幹トレーニングの最後のメニューとして紹介するのは、体幹トレーニング③サイド（64ページ）の姿勢から体を動かすメニューです。

写真を見てください。最初はサイドの姿勢をとります。そこから片方の手（写真では右手）を降ろしながら、開いていた体を閉じます。そうしたらまたゆっくりと手を上げて、サイドの姿勢に戻り、逆の手でも行います。

このメニューも静止させた状態で行うものより負荷が高まりますが、3秒でローテーションして1秒キープし、3秒かけて開く動きを10回×2〜3セット左右行いましょう。

Chapter

3

器具を有効に、安全に使う

Training With Tool

Training With Tool

適切に負荷を高めていく

トレーニング器具を有効に使う

この写真は、ドリブルしているボールマンからパワーを引き出しやすいように、パートナーが「ダミーバッグ」と呼ばれる練習用具を用いてコンタクト（接触）しているシーンです。ボールを使ったこのメニューは第7章で紹介しますが、ボールを使わないフィジカルトレーニングにおいても様々な器具を使うことによってトレーニングの効果を高めることができます。

そこで第3章では、私たちが普段から用いている器具を紹介しながら、トレーニングの内容について説明していきます。

第3章で使うトレーニング器具

【バーベルのプレート】

バーの両端にこのプレートを付けて行う「バーベルトレーニング」は次の第4章で紹介する。この第3章ではそのベースとなる「ヒップジョイントトレーニング」でこのプレートを用いる

【ダンベル】

片手で持ち上げる際に使われるトレーニング器具。片手のため高い負荷をかけるというより、動きの自由度がききやすいという特徴がある

【ラバーダンベル】

上述したのと同様のダンベルだが、おもりの部分がラバー（ゴム製のカバー）に覆われているため床に置く際の衝撃を和らげられるという特徴がある

【ケルトベル】

おもりに取っ手が付いたトレーニング器具。両手で持って振り上げるようなトレーニングで使えるだけに、体幹を刺激しやすいという特徴がある

【メディシンボール】

通常のボールより重いトレーニング用具。バスケットボールと同じ形状をしているため、実際のプレーに近い動作でフィジカル強化を図ることが可能になる

【ヒップジョイントトレーニング①】ノーマル

両足同時に床を蹴る

Front View 両足同時に床を蹴ってジャンプする

Side View 膝とつま先は外側に向け、同じ方向にする

NG

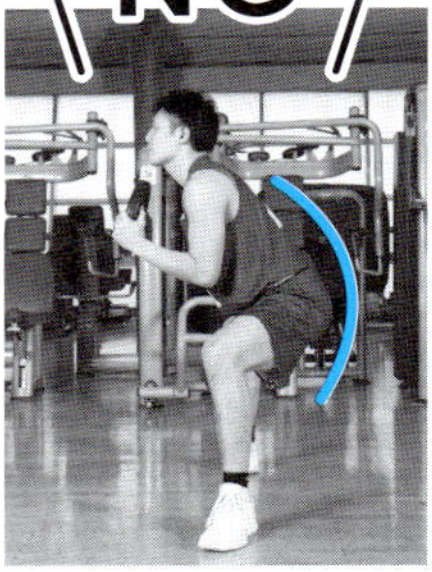

上体が前に倒れないように注意しよう

スクワットのトレーニングを効果的なものとし、パワーポジションの姿勢を正しく行えるようになるために重要なのが、股関節の柔軟性です。そこを高めつつ、大殿筋やハムストリングスからパワーを発揮させやすくするのが「ヒップジョイントトレーニング」の狙いです。

肩幅より大きく両足を開き、つま先を外側に（180度を目標に）向けます。その姿勢からゆっくりと腰を落とします。その深さの目安は、膝とお尻が同じ高さになるくらいの深さです。この基本姿勢を崩さず、79ページまでのメニューを行ってください。

写真では5キロのプレートを持って行っていますが、姿勢が崩れない程度の重さのもので20回を目安に始めましょう。

【ヒップジョイントトレーニング②】前後

左右の足を前後に動かす

基本の姿勢をとり、両足を交互に、前後に動かします。こうすることで股関節の回旋運動が加わり、可動域がより広がります。足を動かしながらも、膝とつま先が同じ方向に向くように意識して、20回を目安に行いましょう。

Front View

上半身は真っすぐにしたまま動かさない

Side View

両足を交互に、前後に動かす

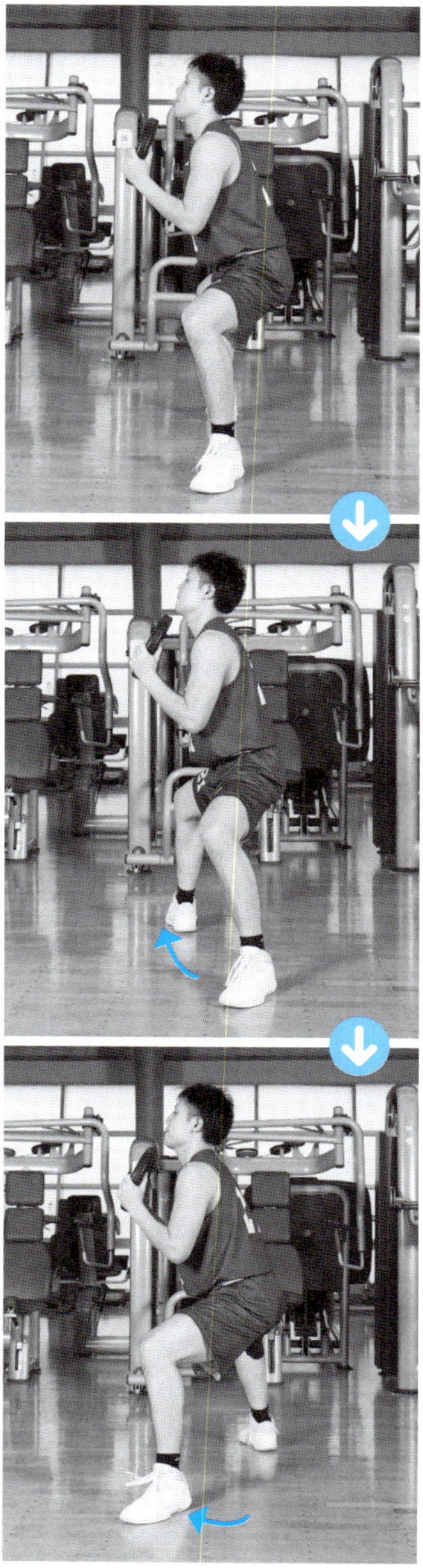

【ヒップジョイントトレーニング③】かかと上げ

左右交互にかかとを上げる

Side View 左右交互にかかとを上げる

Front View 上半身は真っすぐにしたまま動かさない

かかとを上げた際に体が斜めに倒れないようにしよう

基本姿勢から両足のかかとを交互に上げます。股関節の角度が変わることによって、可動域がより広がっていきます。かかとを上げながらも、上体は動かさないように意識して、左右10回ずつを目安に行いましょう。

【ヒップジョイントトレーニング④】

片足内旋

膝とつま先を同時に内旋させる

基本姿勢から膝とつま先を同時に内側に向けます。膝とつま先が別々の方向に向いて負傷するケースも多いだけにケガの予防にも相当します。

膝とつま先を内旋させながらも、上体は斜めに向かないように意識して、左右20回ずつを目安に行いましょう。

Side View

膝とつま先が同じ方向に向くようにする

Front View

膝とつま先を同時に内側に向ける

【ヒップジョイントトレーニング⑤】両足内旋

両足を同時に内旋させる

基本姿勢をとる

両足の膝とつま先を同時に内側に向ける

元の状態に戻る

75ページでは、片足ずつ内旋させましたが、ここでは基本姿勢から両足の膝とつま先を同時に内側に向けます。最初はどうしても上半身が上がってしまうものですが、股関節の可動域が広がるとともにできるようになるはずです。

膝とつま先を同時に内旋させながらも、上体が上がらないように意識して、20回ずつを目安に行いましょう。

【ヒップジョイントトレーニング⑥】

四股

四股を踏む

相撲とりのように四股を踏むトレーニングです。できるだけ基本姿勢から高く片足を上げて、床に着いているほうの足に体重をのせた状態から上げた足を降ろして、基本姿勢に戻ります。

足を降ろした時に体が前のめりにならないように注意して、左右10回ずつを目安に行いましょう。

Side View

膝とつま先は同じ方向に向けておく

Front View

左右交互に足をできるだけ高く上げて、降ろしてくる

【ヒップジョイントトレーニング⑦】

クロス

両足を前後に大きく開く

両足を左右に開いた基本姿勢の状態から瞬時に、前後に大きく開く動作を、左右交互に連続して行います。こうすることで股関節の動きを素早く、しかも大きく動かせるようになります。

前足と後ろ足が一直線になるように意識して、左右10回ずつを目安に行いましょう。

Front View

前足と後ろ足が一直線になるようにする

Side View

左右に開いた状態から瞬時に、前後に大きく開く

【ヒップジョイントトレーニング⑧】ラテラル

片足に体重をのせる

基本姿勢から片足を真っすぐに伸ばして、曲げているほうの股関節に体重をのせます。

上体を真っすぐにした状態で動かすことを意識し、左右10回ずつを目安に行ってみてください。

両足を左右に大きく開く

右足を伸ばして、曲げている左足に体重をのせる

元の状態に戻る

左足を伸ばして、曲げている右足に体重をのせたら元の姿勢に戻る

【ダンベルトレーニング①】
ワンハンドロー
片手でゆっくりと上下させる

Front View

ダンベルを持って腕を伸ばし、持っていないほうの手と膝を台にのせて固定させる

\ NG /

ダンベルを持っている肩が落ちたり、猫背にならないように注意しよう

片手ずつトレーニングを行いたい時、あるいは細かい動きを伴うトレーニングを行う際に、有効に使えるのがダンベルです。片手のため高い負荷はかけにくいものの、動きの自由度が高いというメリットがあります。

その中でまず紹介するのは、片手でダンベルをゆっくりと上下させる「ワンハンドドロー」というトレーニングです。ダンベルを持っている腕だけでなく、持つ側の半身から体幹まで刺激を与えられます。

このトレーニングを進める上で大事なことは、頭から骨盤まで丸まらないように、真っすぐにすること。そしてダンベルを引き上げる時、台をおさえている手と、床に着いている足で押せる状態を作っておくことです。

また、体幹が緩まないように意識して、左右10回ずつできるくらいの重さから行ってみてください。

Side View

肩が落ちないようにしながら、ゆっくりとダンベルを降ろす

Front View

頭から骨盤までを真っすぐにしたままダンベルを引き上げる

【ダンベルトレーニング②】フロントレイズ

体の前で交互に持ち上げる

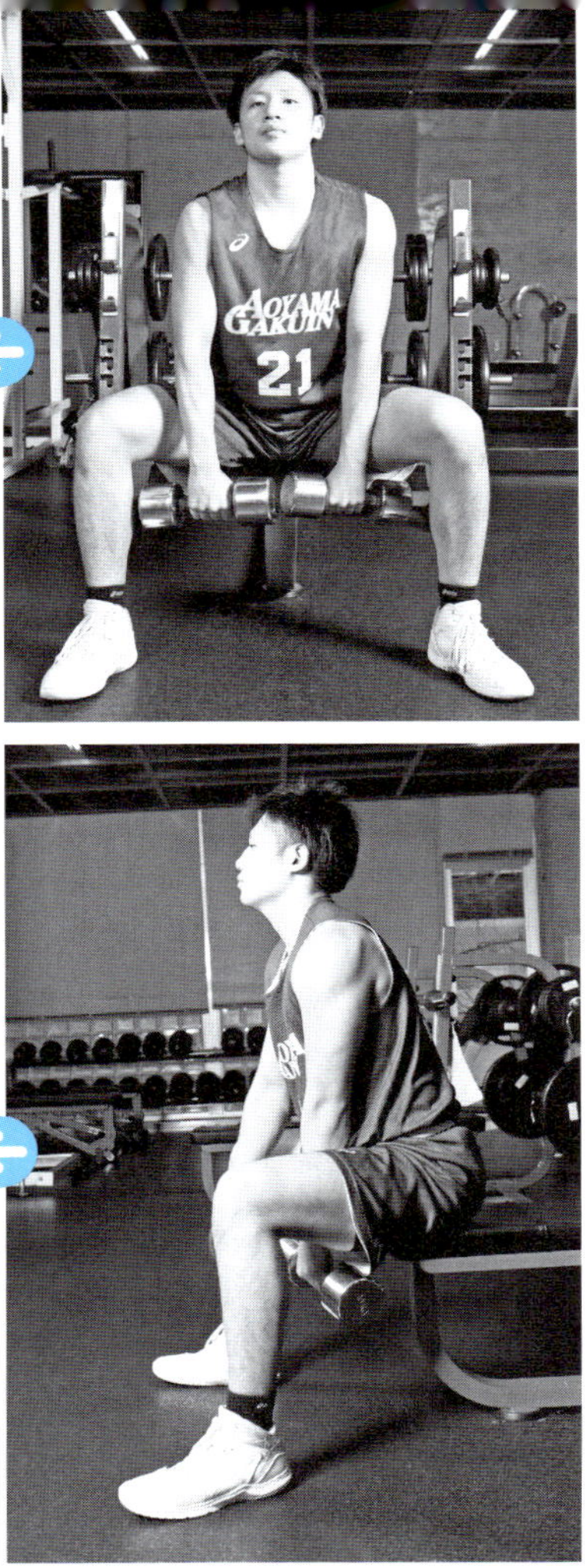

体を真っすぐにして台に座り、両手にそれぞれダンベルを持つ

腕を伸ばしたまま右手のダンベルを肩の高さまで上げる

二つのダンベルを体の前で交互に持ち上げる「フロントレイズ」を確認しましょう。主に三角筋の前部を強化するのが狙いです。

上半身を意識しやすいように台に座り、両手に一つずつダンベルを持ちます。手のひらを下に向けた状態から腕を真っすぐにしたまま、左右交互に肩の高さまでゆっくりとダンベルを上げていきます。

一つのダンベルを上げた際、体重が後ろにかかって、体が倒れないように注意してください。頭から骨盤まで体を真っすぐにした状態のまま、ダンベルを動かすことがポイントです。

腕を伸ばしたまま左手のダンベルを肩の高さまで上げる

肩の高さまで達したら、ゆっくりと降ろしていく

NG

ダンベルを上げた時に、体重が後ろにかかって、体が倒れないように注意しよう

左右交互に2秒で上げて、3秒で降ろす動きを10回ずつ、3～5セットを目安に、軽い負荷のダンベルから行い、少しずつ重くしていってみてください。

写真では肘を伸ばしていますが、負荷が高まるにつれて肘を軽く曲げて行いましょう。

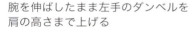

【ダンベルトレーニング③】サイドレイズ

体の横で同時に持ち上げる

Front View

1 体を真っすぐにして台に座り、体の横で両手にそれぞれダンベルを持つ

2 腕を伸ばしたまま両手のダンベルを同時に肩の高さまで上げる

3 肩の高さまで達したら、ゆっくりと降ろしていく

次に紹介するのは、二つのダンベルを体の横で同時に持ち上げる「サイドレイズ」です。主に三角筋の中央部を強化するのが狙いです。

このトレーニングも上半身を意識しやすいように台に座り、両手に一つずつダンベルを体の横で持ちます。手のひらを内側に向けた状態から腕を真っすぐにしたまま、左右同時に肩の高さまでゆっくりとダンベルを上げていきます。

二つのダンベルを上げた際、体重が後ろにかかって、体が倒れないようにするのは「フロントレイズ」と同じです。頭から骨盤まで体を真っすぐにした状態のまま、ダンベルを動かすようにしましょう。

また、ダンベルを体の近くで上げてしまいがちなので、腕をしっかりと伸ばして体から離れたところで動かすように心掛けてください。肩甲骨が斜めについているという体の構造上、ダンベルを肩よりやや前に引

Side View

1 体を真っすぐにして台に座り、体の横で両手にそれぞれダンベルを持つ

2 腕を伸ばしたまま両手のダンベルを同時に肩の高さまで上げる

3 肩の高さまで達したら、ゆっくりと降ろしていく

NG

腕が曲がってしまうと、体のすぐ近くでダンベルを動かすことになり、トレーニング効果が下がってしまうので気を付けよう

き上げると行いやすいはずです。

2秒で上げて、3秒で降ろす動きを左右交互に10回ずつ3～5セットを目途に、軽い負荷のダンベルから行い、少しずつ重くしていってみてください。

写真では肘を伸ばしていますが、負荷が高まるにつれて肘を軽く曲げて行いましょう。

【ダンベルトレーニング④】
アーノルドプレス
頭上に同時に上げ肘を閉じる

1 左右両手にダンベルを持ち、肘を曲げて構える

2 腕を真っすぐに伸ばして、肩の上にダンベルを同時に持ち上げる

3 肘が肩から落ちないように注意して、元の姿勢に戻る

三角筋前部と横に加え、僧帽筋も鍛えられる「アーノルドプレス」というトレーニングを紹介します。

前項と同様、上半身を意識しやすいように台に座り、両手に一つずつダンベルを持ちます。そして左右の肘を曲げた状態で構えます。

まずは腕を伸ばして左右のダンベルを同時に肩の上に上げていきます。そこでいったん静止したら、ダンベルを降ろしてきて元の姿勢に戻ります。その際、肘が下がらないように注意してください。

その姿勢から左右の肘を同時に閉じて付けていきます。そこでいったん静止し、再び両手のダンベルを肩の上に上げていきましょう。

この一連の動きを10回3～5セットできるように、軽い負荷のダンベルから行い、少しずつ重くしていってみてください。

4 左右の肘を閉じて、体の前で近づけていく

5 再び両手のダンベルを肩の上に上げていく

6 元の姿勢に戻ったら、再び肘を閉じていく

NG

肘が肩の高さから落ちないように意識して行おう

【コーディネーション①】片足ＲＤＬ

アンバランスな状態で負荷をかける

1 右手でダンベルを持ち、立位の姿勢をとる

2 右足を真っすぐにしたまま上げていく

3 頭ー背中ー足のラインを床と平行にする

アンバランスな状況を設定して進めるトレーニングは「コーディネーション」と呼ばれています。アンバランスな状態で負荷を加えられてもバランスを崩さないように補正していきながらフィジカルの強化を図るわけです。その中からまずは片足のルーマニアンデッドリフト（以下ＲＤＬ）というトレーニングを紹介します。

右手にダンベルを持ち、同じ側の右足を真っすぐに伸ばしたまま上げていきます。そして頭－背中－足のラインを床と平行にし、そのアンバランスな状態を左足で支えます。次に左手でダンベルを持ち、同様に行います。

ポイントとなるのは、体幹、軸を意識して床に着いている足の股関節を引き込みながら

4 左手にダンベルを持ち替える

5 左足を上げて、頭ー背中ー足のラインを床と平行にする

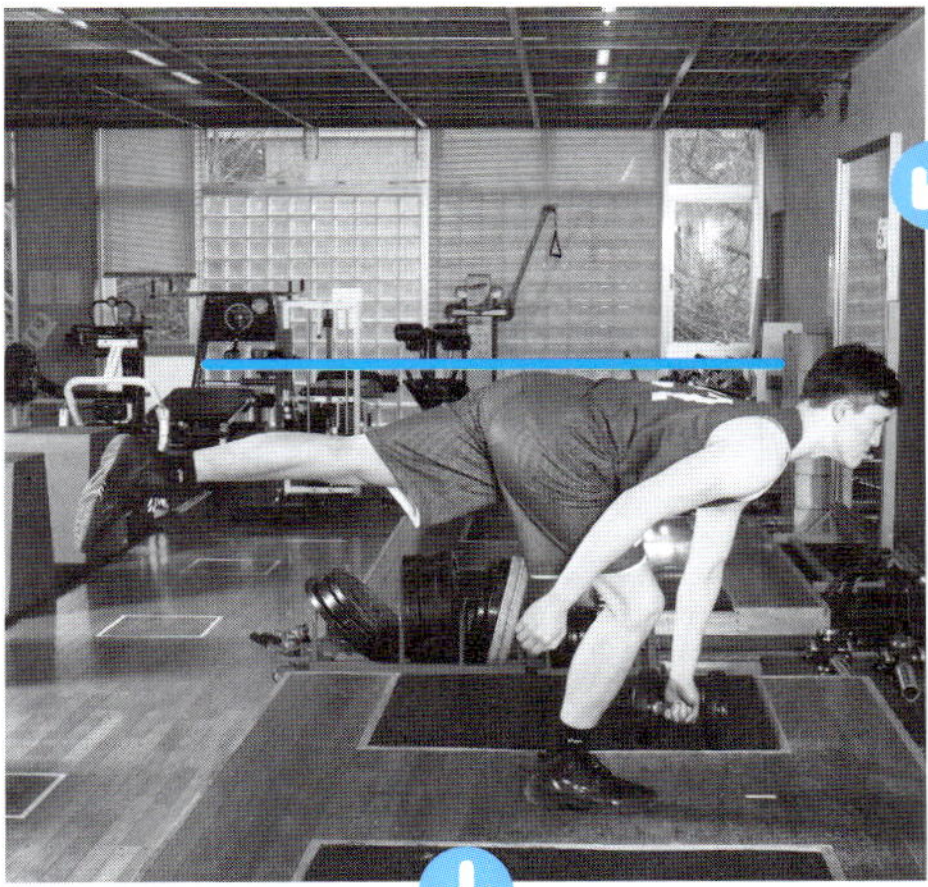

6 立位の姿勢に戻る

NG back View

バランスが崩れて、斜めになったりしないように心掛けよう

床と平行に近づけていくことで大腿部後面を伸ばすことです。左右交互に10回ずつ行えるように、軽めのダンベルから始めて、少しずつ重くしていきましょう。3秒で下げて1秒キープして3秒で上げてください。

【コーディネーション②】Tバランス

プレートを前と上下に動かす

両手でプレートを持ち、左足を後ろに上げる

右足でバランスを保ちながら前傾していく

プレートを前に出し、頭ー背中ー足のラインを床と平行にする

元の姿勢に戻る

次に紹介するのは、バーベルのプレートを両手で持って、バランスを維持するコーディネーショントレーニングで、「Tバランス」と呼んでいるメニューです。

プレートを持って立位の姿勢をとり、片足（写真では左足）を上げていきます。88ページの片足RDLと同様に、頭ー背中ー足のラインを床と平行にし、アンバランスな状態を右足で支えます。

そして元の姿勢に戻ったら、プレートを真っすぐ上に持ち上げてから立位の姿勢に戻ります。

大事なポイントは骨盤が回転しないように正面に向けたままの状態を維持し、体幹を締めながらバランスを整えることです。

10回ずつ左右行えるように、

5
膝を上げながら、プレートを頭上に持ち上げる

6
元の姿勢に戻る

7
再びプレートを前に出し、頭ー背中ー足のラインを床と平行にする

8
元の姿勢に戻る

【トレーニングの工夫】

写真3や写真7のようにプレートを前に出してバランスがとれない場合は、プレートを床すれすれのところで持って、バランスを維持するトレーニングから始めましょう。

軽いプレートから始めてみましょう。

【コーディネーション③】
インラインショルダープレス

ライン上に左右両足の膝とつま先をのせる

Side View

1：右手でダンベルを持ち、逆の左足を前に出す
2：両足の膝とつま先をラインにのせたままダンベルをゆっくりと上げていく
3：体を真っすぐにしたままダンベルを高く上げる
4：ダンベルをゆっくり降ろして元の姿勢に戻る

＼NG／

両足をラインにのせず、開いて行うとバランスがとりやすく、トレーニングの効果が上がらないので気を付けよう

ダンベルを片手に持ち、一直線上に両足を着いた状態からバランスを崩さずに持ち上げるトレーニングで「インラインショルダープレス」と呼ばれています。

このトレーニングの効果を引き上げるために、写真のようにテープなどでラインを作って行うことをお勧めします。そのライン上に左右両足の膝とつま先を常にのせた状態で行うのです。

右手でダンベルを持ったら、左足を前に出して片膝の状態で行い、左手でも同様に行ってください。

体幹、軸を意識しながら左右10回ずつ行えるように、軽めのダンベルから少しずつ重くしていきましょう。

Back View

右手でダンベルを持ち、逆の左足を前に出す

両足の膝とつま先をラインにのせたままダンベルをゆっくりと上げていく

両足をラインにのせたまま、ダンベルを高く上げる

ダンベルをゆっくりと降ろす

【ケルトベル①】スイング

ジャンプするように大きく持ち上げる

【ケルトベルスイング】

1 ケルトベルの取っ手を両手でつかむ

2 ケルトベルを両足の間に下げていくとともに低い姿勢をとる

ここで紹介する「ケルトベル」は、おもりに取っ手がついたトレーニング器具で、東欧が発祥とされています。第4章で紹介するバーベルトレーニングに比べて、場所をとらず用意しやすいことから、日本国内でもかなり普及しています。

写真を見てください。まずはケルトベルの取っ手を両手でつかみ、ジャンプするイメージで大きく持ち上げます。動きとしてはバーベルトレーニングと似た格好になります。左右の肩甲骨を付けながら胸郭を広げて行うことによって体幹が鍛えられ、パワーポジションの精度を高めることができます。

このケルトベルは4キロから数十キロまでその重さは様々ですが、写真のようなスイングを5回程度行える重さから少しずつ負荷を高めていくとよいでしょう。

またケルトベルがない方も、左の写真のようにダンベルで行ったり、ペットボトルに砂や水を入れて行うことも可能です。

3
ジャンプするイメージでケルトベルを大きく持ち上げる

4
再度両足の間に下げて、その時の伸張反射を利用して持ち上げる

5
3～5回繰り返す

【ダンベルスイング】

1
ダンベルを両手でつかむ

2
ダンベルを両足の間に下げていくとともに低い姿勢をとる

3
ジャンプするイメージでダンベルを大きく持ち上げる

4
再度両足の間に下げて、その時の伸張反射を利用して持ち上げる

【ケルトベル②】ロール／ワンハンド

アンバランスな状況を設定する

アンバランスな状態を設定するコーディネーションに相当するトレーニングを、ケルトベルを使って行うことができます。

ケルトベルの取っ手を両手で持って、頭上に持ち上げます。そしてパワーポジションの姿勢をとり、頭上のケルトベルで円を描くように動かしてみてください【ロール】。その時にケルトベルに振られずバランスをとり、パワーポジションの姿勢を維持しましょう。

そうして時計回りで3～5周、逆回りも同様に行っ

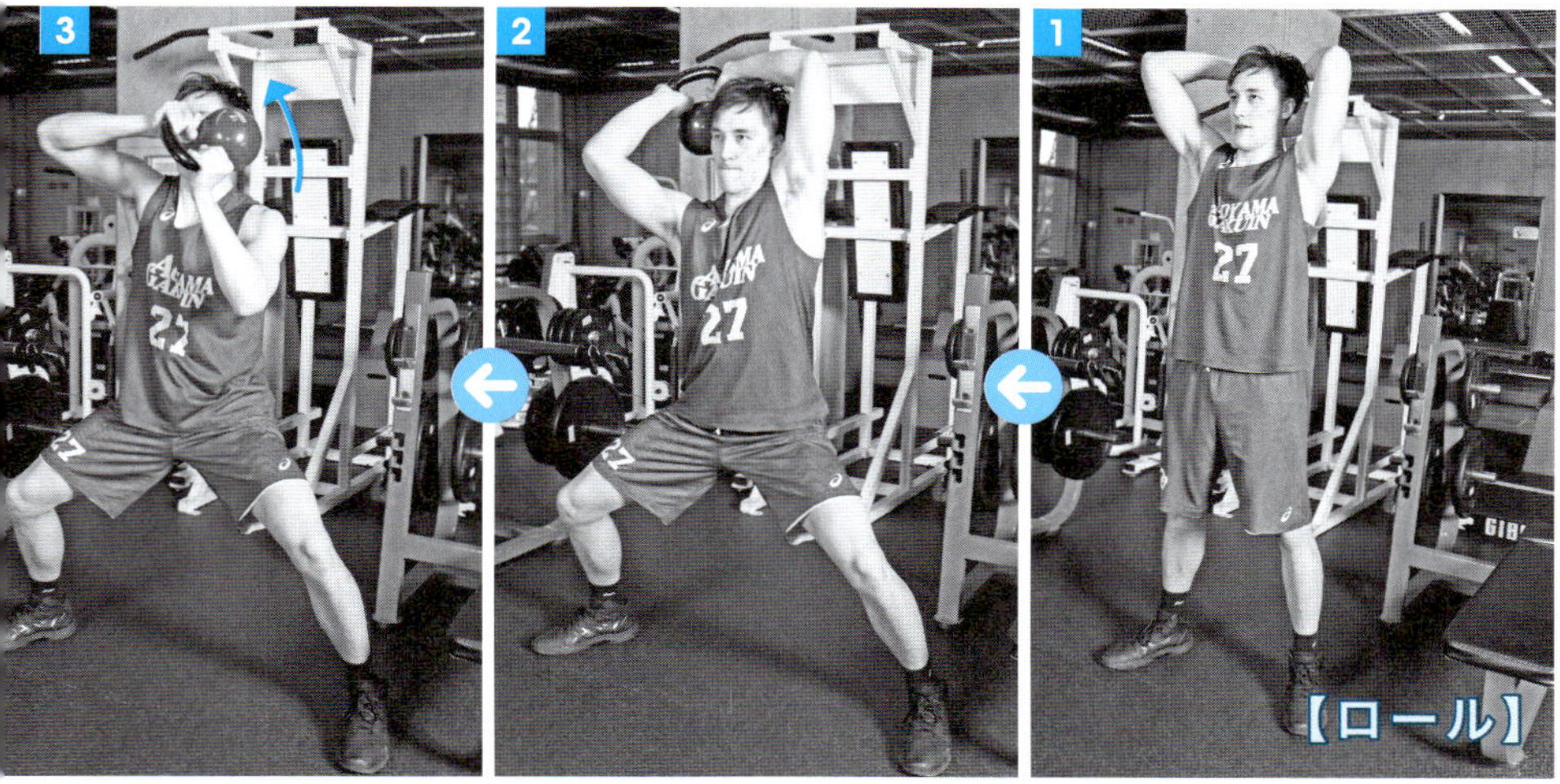

てみてください。
95ページで紹介した「両手のスイング」や「ロール」ができるようになったら、片手でケルトベルをスイングしてみましょう**【ワンハンドスイング】**。姿勢を崩さずバランスを維持するために、体幹部の横も鍛えることができます。左右3〜5回ずつを目安に始めましょう。

ケルトベルがなくても、ダンベルなどでも行えるのでぜひ、取り入れてみてください。

1：片手（写真では左手）でケルトベルの取っ手を持ち、低い姿勢をとる
2：ジャンプするイメージで左手だけでケルトベルを持ち上げる
3：両足の間に下げて、ケルトベルを持ち替える
4：逆の手（写真では右手）でも同様に行う

1：ケルトベルの取っ手を両手で持って頭上に持ち上げる
2：パワーポジションの低い姿勢をとる
3：ケルトベルで円を描くように動かす
4：ケルトベルに振られないように姿勢を維持する
5：3〜5周継続し、逆回りも行う

【メディシンボール①】
オーバーヘッドスロー
頭上でキャッチして投げ返す

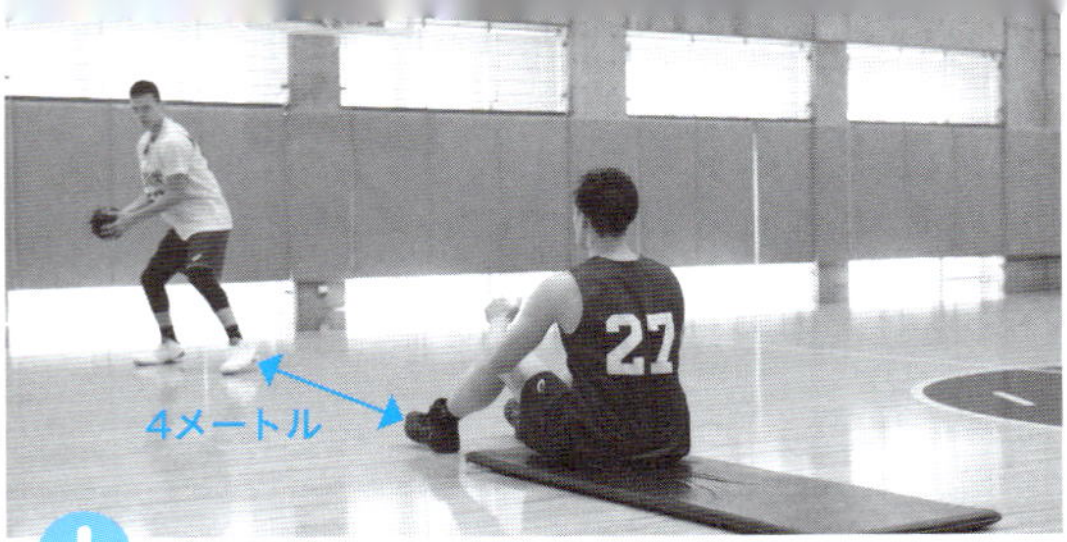

マットの上に膝を立てて座り、パートナーがメディシンボールを持つ

頭上でボールをキャッチする

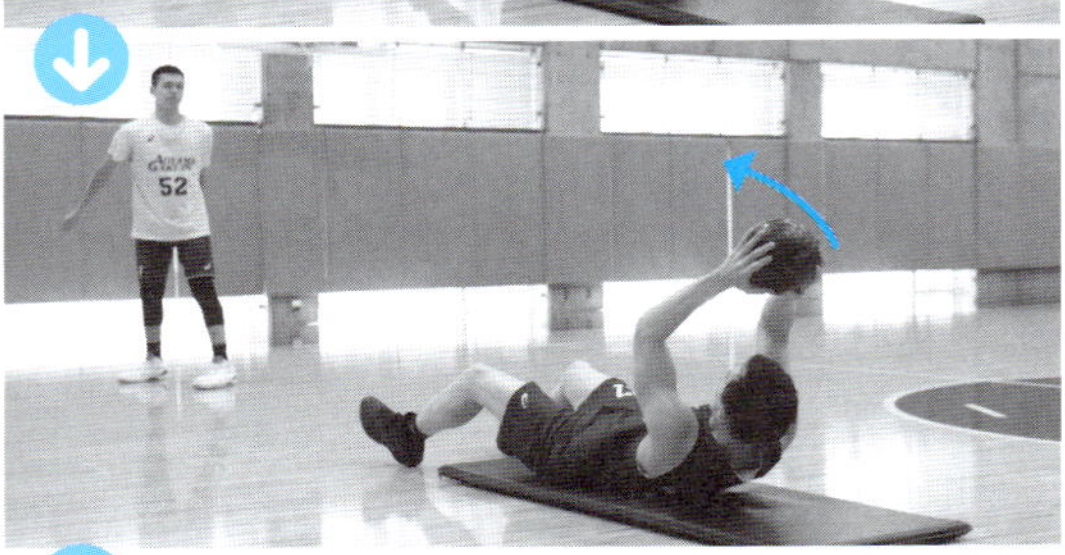
伸張反射を利用する

オーバーヘッドスローで投げ返す

メディシンボールは、ゲームで使われるバスケットボールとほぼ同じ形状だけに、実戦的にかつ安全にトレーニングを進められる有効な器具と言えます。

そして2人組で行うメディシンボールのトレーニングで、筋力アップが図られます。

まずは4メートル離れたパートナーから投げられたボールを頭上でつかみ、上半身を連動してオーバーヘッドスローで強くて速いライナー性のボールで返しましょう。その際にパートナーも山なりのボールにならないように101ページまでのメニューを行ってください。

ボールは2～5キロと様々ですが、10回行えるくらいの重さから少しずつ重くしていきましょう。

【メディシンボール②】サイドスロー

上半身の回旋動作を加える

パートナーに対して、横向きに座ることによって、上半身の回旋動作を加えてトレーニングすることができます。横から投げられたメディシンボールを回旋動作で受け止め、軸をぶらさずライナー性のボールを投げ返します。パートナーが投げるメディシンボールの勢いに振られて骨盤が動かないように意識して行ってください。左右10回ずつを目安に行い、重さや回数を増やしていきましょう。

メディシンボールを持つパートナーに対して横向きになって座る

両手の指を開いて準備する

胸の前でボールをキャッチする

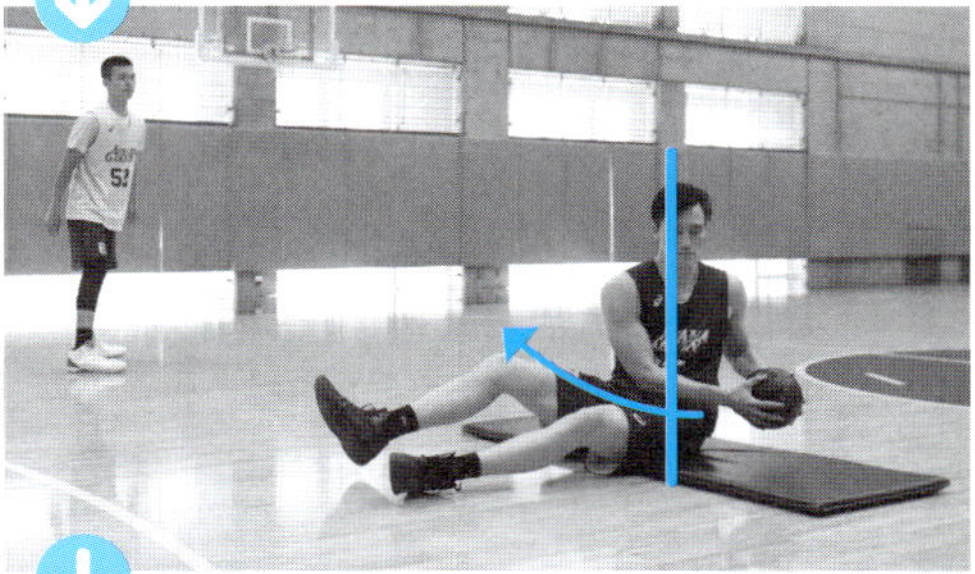

骨盤を動かさず、上半身の回旋動作で力を吸収する

伸張反射を使いサイドスローで投げ返す

【メディシンボール③】
ランジスロー
片膝を前に出してアンバランスを設定する

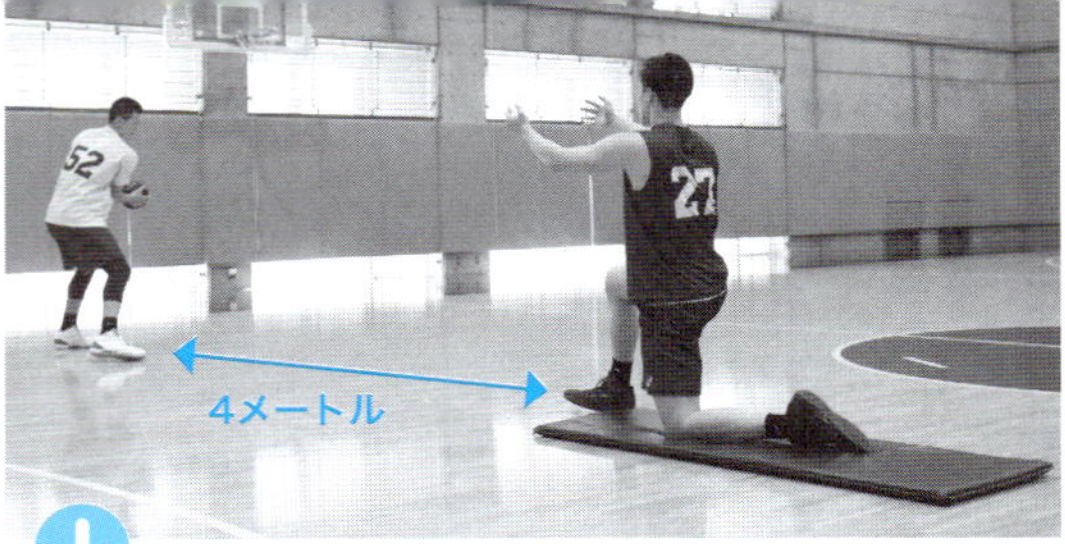

メディシンボールを持つパートナーに対して、片膝（写真では右膝）を前に出す

体の前でボールをキャッチする

上半身の回旋動作で力を吸収する

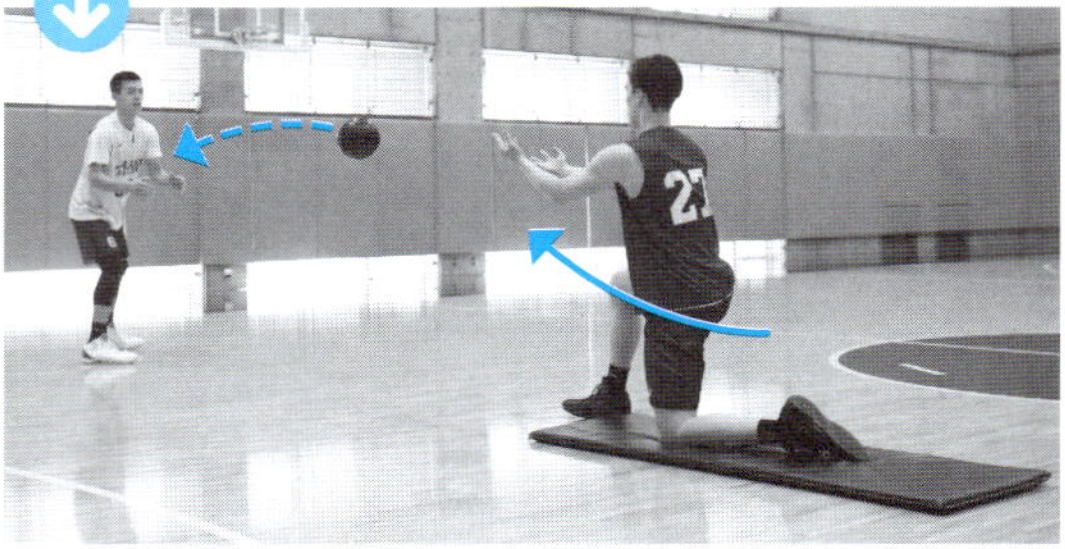

伸張反射を利用して投げ返す

パートナーに向かって片膝を前に出す「ランジ」の姿勢をとることで、下半身の連動がポイントとなります。

前から投げられたメディシンボールを上半身の回旋動作で受け止め、下半身を連動させて伸張反射を利用してライナー性のボールを投げ返します。このトレーニングにおいてもパートナーが投げるメディシンボールの勢いに振られて骨盤が動かないように意識してください。

左右10回ずつを目安に行い、重さや回数を少しずつ増やしていきましょう。

【メディシンボール④】チェストスロー

チェストパスの格好で投げ返す

自分の胸（チェスト）から相手の胸（チェスト）に出す「チェストパス」のような格好で行う、メディシンボールを使ったトレーニングです。ターゲットハンド（パスを受ける手）を体の前に出して、2メートル離れたパートナーからボールを受ける準備をします。そうして体を倒しながら力を吸収し、ライナー性のボールを投げ返します。10回を目安に行ってみましょう。

体の前にターゲットハンドを出す

両手でボールをキャッチする

体を倒しながら力を吸収する

腹筋を使って起き上がりながらチェストパスで返す

10回を目安に繰り返して行う

【メディシンボール⑤】仰向けチェストスロー

仰向けの状態で投げ返す

101ページで紹介したチェストスローのトレーニングを仰向けの状態で行います。パートナーに胸の上から投げ下ろされるメディシンボールの力を両手でキャッチしながら吸収し、胸からチェストスローの格好でパートナーに投げ返します。20回を目安に行ってみましょう。

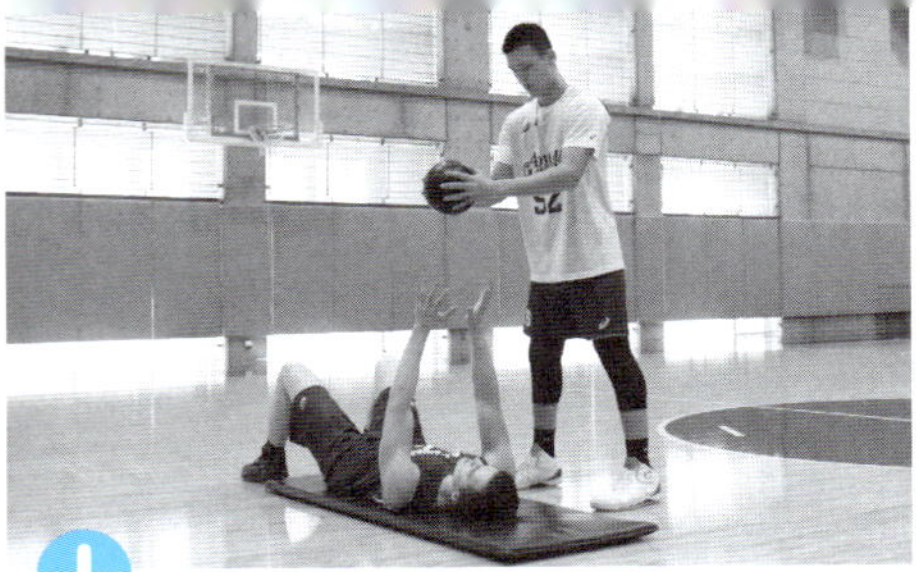

マットの上に仰向けになり、胸の上にターゲットハンドを出す

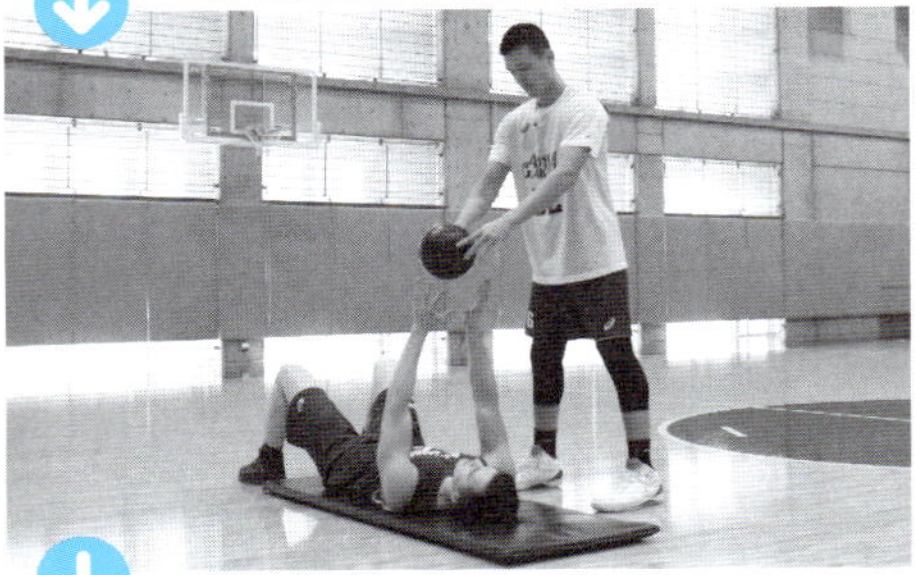

パートナーがメディシンボールを落とす

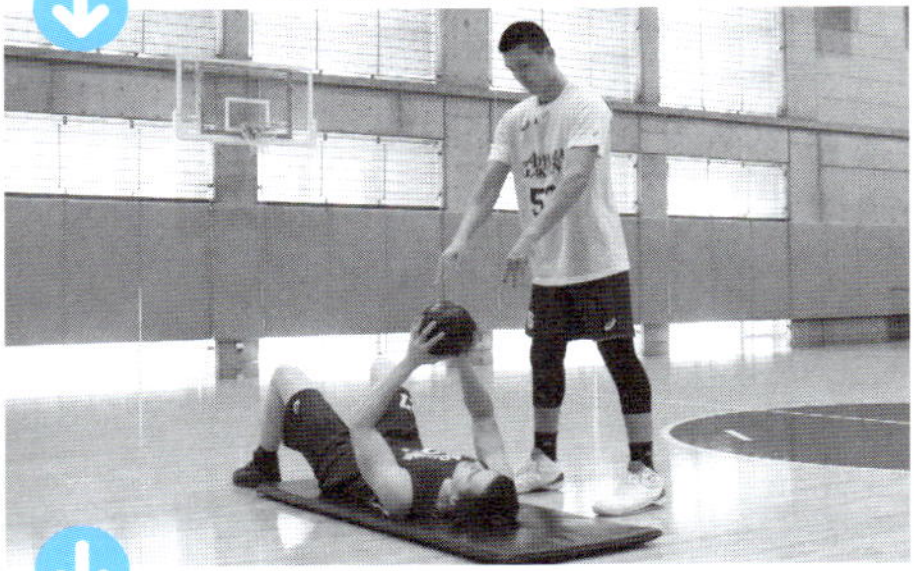

両手でキャッチする

胸の上で力を吸収する

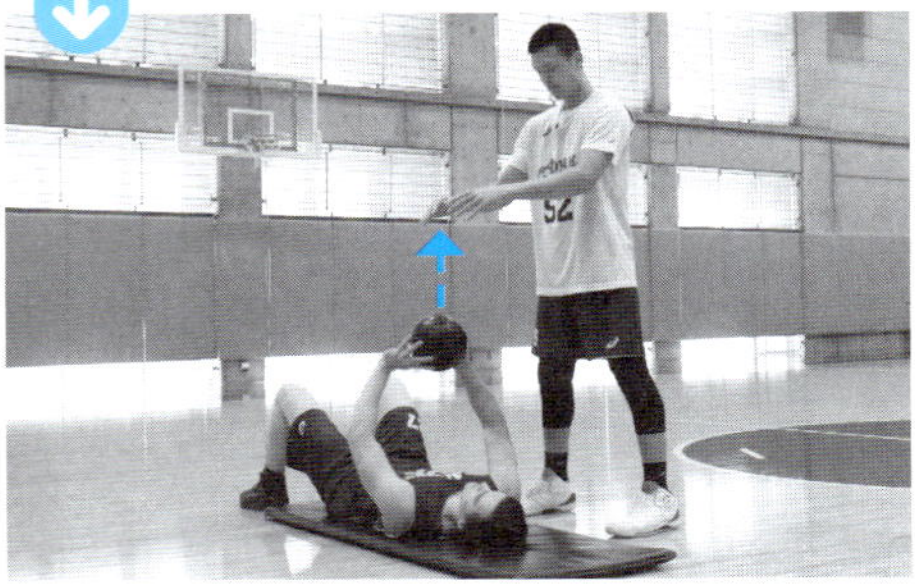

チェストスローの格好で投げ返す

【メディシンボール⑥】エイト

大きく8の字にボールを動かす

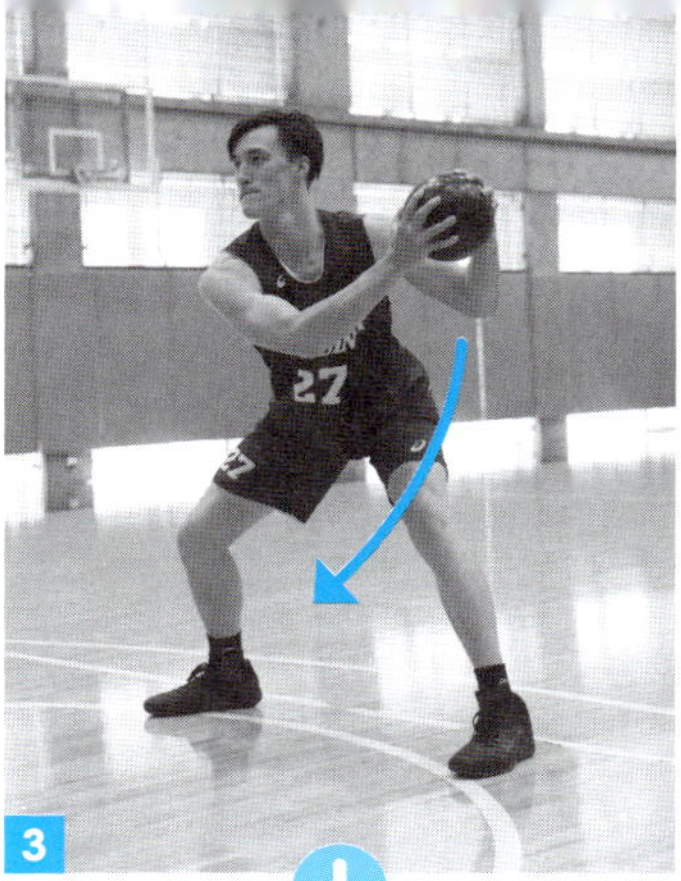

1：右肩の上でメディシンボールを持つ
2：膝の下でボールを移動させる
3：左肩の上でボールを動かす
4：大きく8の字にボールを動かしていく
5：逆回りも行う

メディシンボールを「8の字（エイト）」に動かすトレーニングで、「ダイアゴナル」とも呼ばれています。左右の肩の上からボールを大きく動かして、膝の下を通して左右に移動させます。その時に腰が引けないように注意し、パワーポジションをとり続けるように意識しましょう。

このように実際のプレーに似た動きの場合、バスケットボールを扱う時と同じ動作、すなわちフォームで行うように心掛けてください。

逆回りも含めて10周ずつを目安に行い、少しずつ重さや回数を増やしていきましょう。

【メディシンボール⑦】

ウッドチョップ

真上に放るイメージで振り上げる

1：パワーポジションの姿勢をとり、両足の間でメディシンボールを持つ
2：ジャンプしながらボールを振り上げる
3：左右の肩甲骨を付けて、胸郭を広げる意識を持つ
4：パワーポジションに戻る

最後に紹介するのは「ウッドチョップ」というトレーニングで、ケルトベルやダンベルのスイング（94ページ）に似た動きになります。

両足の間で持つメディシンボールを真上に強く放るイメージで振り上げながらジャンプし、そうして着地とともに素早くパワーポジションに戻ります。10回を目安に行い、重さや回数を少しずつ増やしていきましょう。

この第3章で紹介したトレーニングを正確に行えるようになることが、次章で紹介するバーベルトレーニングのベースとなります。

Chapter

4

バーベルを持ち上げる

Free Weight Training

バーベルトレーニングのメリットとは

ジャンプ力アップにもつながる

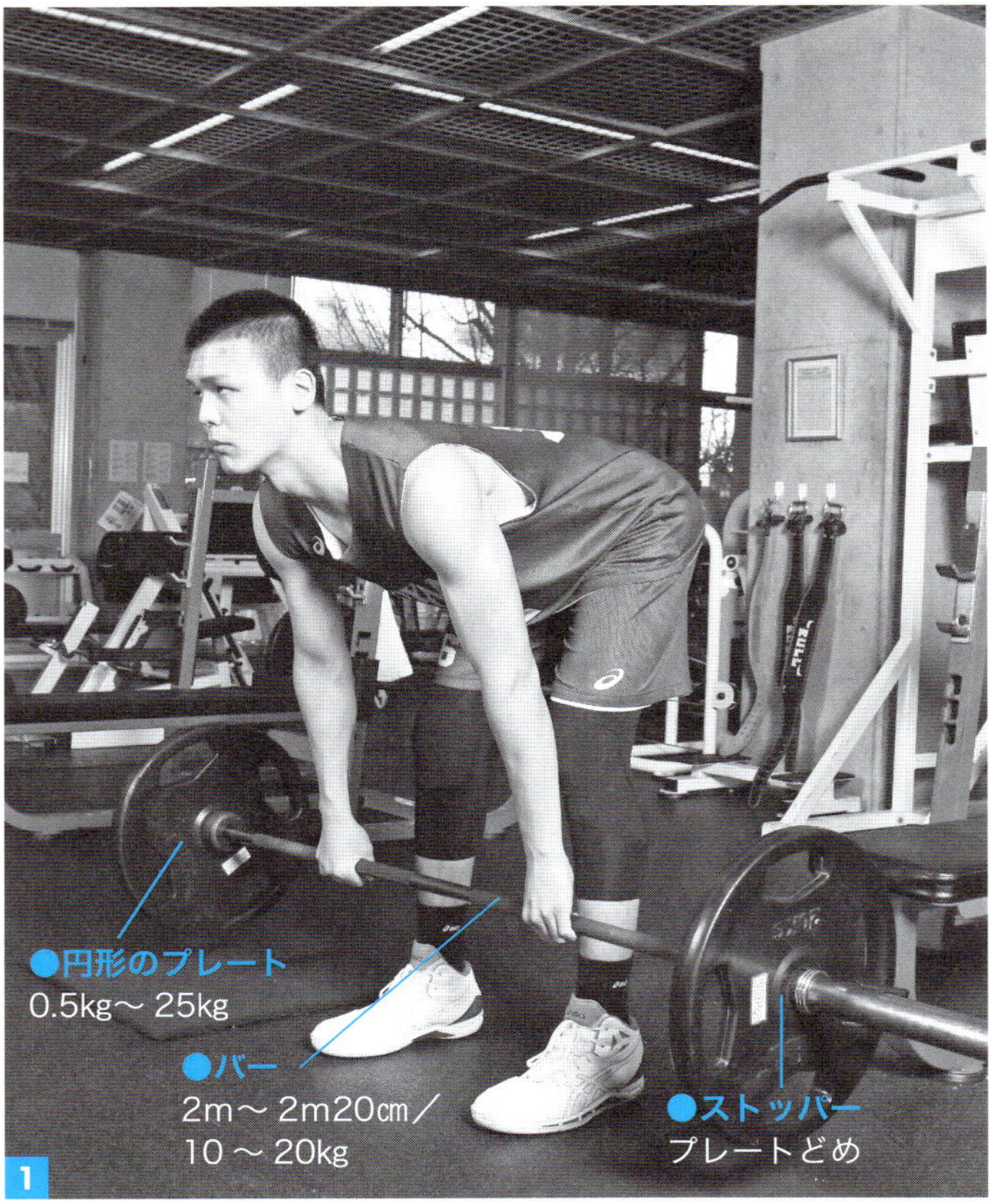

1：猫背にならないように注意し、骨盤を曲げてバーをつかむ
2：バーベルを身体から離さないで動かす
3：バーベルをかつぐ前に止めることでハムストリングスが鍛えられる

私は普段から男子大学生に対し、バーベルを使って高い負荷をかけるトレーニングを指導し、パワーアップを図っています。パワーポジションをしっかりととれるようになり、相手とのコンタクトで当たり負けないような強さを備えさせ、「鋼（はがね）」のような体を手にしてもらいたいからです。

バーベルを使用する競技としてまず挙げられるのは、ウェートリフティングでしょう。男女問わず、自分の体重よりはるかに重いバーベルを持ち上げる勇姿には驚かされるばかりですが、持ち上げる瞬間に発揮されるエネルギーはバスケットボールに似ている要素が含まれています。実はあのウェートリフティングの競技者たちは、類まれなジャンプ力の持ち主なのです。

つまり、ジャンプするのと同

2

3

じベクトルの力をバーベルに向けることによって持ち上げることができています。したがってバーベルトレーニングを正しく取り入れることによって、ジャンプ力アップにもつながる可能性が高いと言えます。

　ただし、バーベルのような重い負荷をかけてトレーニングを行うことには、いくつかの条件をクリアする必要があります。

・身長の伸びが終わった後など、成長期が終わった後に行うこと。過度な負荷が成長促進を阻害する恐れがあるためです。

・専門コーチおよびトレーナーの指導の下、正しいフォームで行うこと。誤ったフォームで行うと、ケガにつながる危険性があります。

・男女差も含めて、トレーニングに適した負荷の重さ、および回数や時間を設定して行うこと。トレーニングの効果を最大限に引き上げるためです。

　写真を見てください。これはハムストリングスを主に鍛えられる「ルーマニアンデッドリフト（以下ＲＤＬ）」というメニューです。バーベルと聞くと、重いプレートを高々と持ち上げる姿をイメージされると思いますが、このように持ち上げ方や重さをコントロールすることによって目的に適ったトレーニングを行うことができるのです。

　まずは次のページで紹介するショートバーベルでフォームを作ってから重いバーベルに移行してみましょう。

【ショートバーベル①】ランジウォーク（フロント）

ショートバーベルを有効に使う

1 ショートバーベルをかついで立位の姿勢をとる

2 片足（写真では右足）の大腿部を引き上げる

バーベルの重さを調節することによっていろいろなトレーニングに併用して使うことができます。トレーニングを始めたばかりの方や女子プレーヤーに特にお勧めしたいのが、ここで使用している「ショートバーベル」という、通常の重さのバーベル（114ページ以降で紹介）より軽いトレーニング器具です。

ショートバーベルは軽い負荷で、場所を選ばず、トレーニングすることができ、バーベルトレーニング前のフォームを作るのに活用できます。

例えばショートバーベルをかついた状態で、片足を曲げながら大きく引き上げ、そうして前に出して腰を落とす「ランジ」という

3 歩幅を広くして、後ろ足の膝が床に着くくらい低い姿勢をとる

4 低い姿勢からジャンプするような気持ちで逆足（写真では左足）の大腿部を素早く引き上げる

5 歩幅を広くして、後ろ足の膝が床に着くくらい低い姿勢をとる

トレーニングがあります。32ページでストレッチとして紹介したランジと同じ動きに負荷をかけるわけです。

　こうすることで股関節の柔軟性を高めるとともに、大腿四頭筋や大殿筋の筋力アップを図ることができます。

　写真では左右15キロずつプレートを付けて行っていますが、まずはプレートを外した状態でフォームを確認し、少しずつプレートの重さを高めていくとよいでしょう。

　コートで実施する場合は、コート1往復を2〜3セットを行います。

【ショートバーベル②】ランジウォーク（バック）

下がりながらランジの姿勢をとる

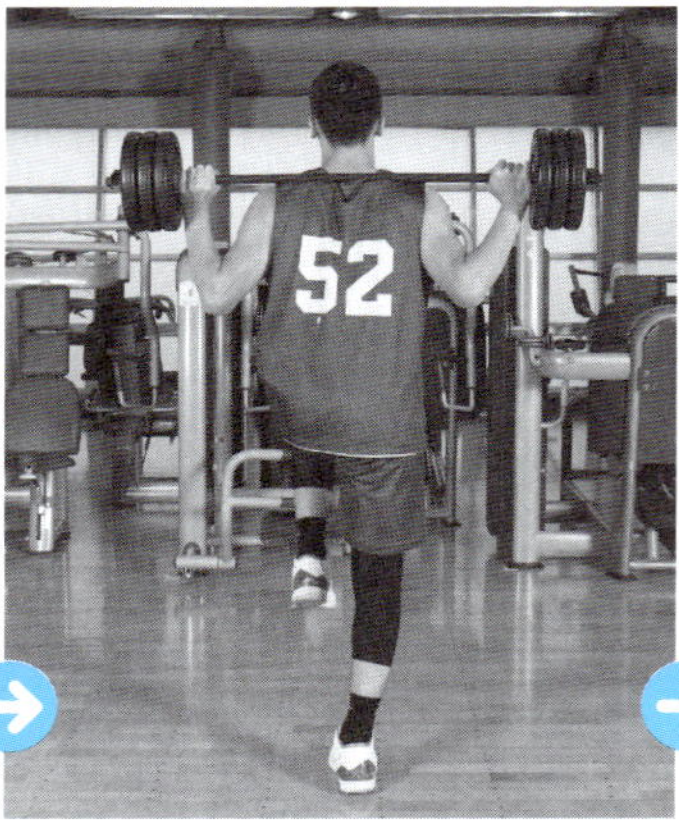

4 低い姿勢からジャンプするくらいの気持ちで逆足（写真では左足）の大腿部を引き上げる

5 歩幅を広くして下がり、後ろ足の膝が床に着くくらい低い姿勢をとる

（108ページのように）ショートバーベルをかつぎながら前に進むランジウォークを行ったら、次に後ろに下がりながらランジウォークを行ってみましょう。

ショートバーベルをかついで立位の姿勢をとり、片足（写真では右足）の大腿部を引き上げるところまでは108ページと同じです。そこから歩幅を広くして後ろに踏み込み、低い姿勢をとります。その姿勢からジャンプするような気持ちで逆足（写真では左足）の大腿部を引き上げて歩幅を広くし、足の膝が床に着くくらい低い姿勢をとります。

股関節、特に大殿筋、ハムストリングスを意識して使い、バランスをとるように心掛けること。そして（NG写真のように）上体が前に倒れないように注意

1 ショートバーベルをかついで立位の姿勢をとる

2 片足（写真では右足）の大腿部を引き上げる

3 歩幅を広くして下がり、膝が床に着くくらい低い姿勢をとる

して行いましょう。コートで実施する場合は、コート1往復を2～3セットを行います。

＼NG／

上体が前に倒れないように注意し、足の膝を床に着ける意識で行う

【ショートバーベル③】

ランジウォーク（ターン）

素早く、力強い動きへとつなげる

【フロントターン】

1 ショートバーベルをかつぎ、立位の姿勢をとる

2 片足（写真では左足）を動かして向きを変える

3 パワーポジションの姿勢でいったん静止して、逆の足でも同様に行う

コート上で方向転換を図ったり、体の向きを変える目的で足を動かすことを「ターン」と言います。特にボールマンが軸足を動かさずにターンする動きは「ピボット」と呼ばれ、プレーの成否を分ける大事なポイントとなります。しかもバスケットボールでは素早くかつ、たとえ相手とコンタクトした状態でも力強くターンできる必要があるのです。

そこでショートバーベルをかついだ状態でターンを繰り返します。体を向ける方向に足を踏み込むターンは「フロントターン」と言います。逆に足を引くようにして動かし、後ろ向きになる動きは「リバースターン」と言います。左右両足ともそれぞれの動きを行ってみてください。

その際にできるだけ低い姿勢

1 ショートバーベルをかつぎ、立位の姿勢をとる

【リバースターン】

2 片足（写真では左足）を引くように動かして後ろ向きになる

3 パワーポジションの姿勢でいったん静止して、逆の足でも同様に行う

＼NG／

バーが斜めにならないように注意して行おう

で行い、バーが床と平行の状態を継続できるようになりましょう。コートで実施する場合は、コート1往復を2～3セットを行います。

【バーベル①】プルアップ

バーベルの基本フォームを確認する

1 バーベルを体の前に置き、両足を肩幅くらいに開く。顔を前に向けて膝を曲げ、上体を起こして、肩幅より握りこぶし一つ外側でバーをつかむ

2 お尻を上げず、ジャンプするイメージで、大殿筋とハムストリングスを使いながらバーベルを上げていく

ここから121ページまでは専用スペースで行うバーベルトレーニングです。環境に合わせて実施してください。ストレッチを十分に行い、器具を使わない筋力トレーニングなどでベースをしっかりと備えてから行うことが前提です。

バーベルの重さを上げて負荷を高くすることによって、主に下半身に刺激が加わり、パワーポジションの精度を高めていきますが、力づくで持ち上げようとはしないでください。最初から重い負荷で行うと、持ち上げることに精一杯でフォームが崩れてしまいがちで、トレーニングの目的を見失ってしまうからです。適度の重さでフォームを確認しながら行うことが重要なポイントです。

まずは肩までバーベルを持ち上げず、胸まで引き上げる「プルアップ」の動きを5回×3~5セット行い、基本フォームを確認しましょう。

3 さらに肩甲骨を付けるようにしながら胸郭を広げて、バーベルを胸まで引き上げる

4 バーベルをつかんだまま床に降ろし、元の基本姿勢に戻る

【バーベル②】パワークリーン

バーベルを素早く引き上げる

1 両足を肩幅くらいに開き、肩幅より握りこぶし一つ外側でバーをつかむ

2 ジャンプするイメージで、ハムストリングスを使いながらバーベルを上げていく

次のステップは、バーベルを肩の上でかつぐ「パワークリーン」です。114ページで紹介した基本フォームのとおり、肩幅くらいのスタンスをとり、その幅からこぶし一握り分外側でバーベルをつかみます。そうして大殿筋とハムストリングスで持ち上げることを意識してジャンプするイメージでバーベルを引き上げていきます。

　胸のあたりまでバーベルを上げながら肩甲骨を付けるとともに胸郭を広げて、すぐさま左右の手首を同時に返して肩の前でバーベルを支えてください。

　ポイントは腕で上げるのではなく、床の反力、すなわちジャンプする時と同じ動作を素早く行うこと。そして背中のラインを真っすぐにして、

素早く手首を返して、肩の前でバーベルをかつぐ。回数や時間を正しく設定して、これらの動きを繰り返す

3 肩甲骨を付けるようにしながら胸郭を広げて、体のそばでバーベルを引き上げていく

＼NG／

体から離れたところでバーベルを動かすと、トレーニング効果が上がらないので気を付けよう

パワーポジションを意識するということです。

最初はやや広めにスタンスをとってもOKですが、肩幅のスタンスのパワーポジションの姿勢に近づけていくことが理想です。5回×3～5セット行ってください。

【バーベル③】スナッチ

バーベルを素早く頭上まで持ち上げる

1

肩幅よりこぶし二握り分程度外側でつかむ

2

ジャンプをするイメージでバーベルを引き上げ、肩甲骨を付けながら胸郭を開く

（116ページのように）肩の前でバーベルをかつげるようになったら、そのまま腕を伸ばしてバーベルを頭上に持ち上げてみましょう。これを「スナッチ」と言います。

このスナッチのポイントは、バーベルを一気に頭上まで素早く持ち上げ、下半身と肩甲骨および胸郭を連動させてキャッチすることです。バーベルを持ち上げた時に両腕とバーで左右対称の三角形を作るような格好になります。

体のラインが真っすぐになっているか確認しながら5回×3～5セット行うようにしましょう。

3 バーベルを持ち上げた時、両腕とバーで左右対称の三角形を作る

4 膝の高さあたりでいったん止める

5 バーベルを床に置かず、再度持ち上げる

6 スナッチの体勢を再びとる流れで、回数や時間を正しく設定して繰り返す

【バーベル④】オーバーヘッドスクワット

肩甲骨、胸郭を連動させたスクワット

1 つま先と膝を同じ方向に向けてスタンスを広めにとり、バーベルの幅も広めにつかみ持ち上げる

2 膝を曲げて少しずつ体勢を低くしていく

3 大腿部が床と平行となることを目安に股関節を下げる

4 膝を伸ばしてスナッチの姿勢に戻る。回数や時間を正しく設定して繰り返す

1 つま先と膝を同じ方向に向けてスタンスを広めにとり、バーベルの幅も広めにつかみ持ち上げる

2 膝を曲げて少しずつ体勢を低くしていく

3 大腿部が床と平行になるくらいまで体勢を下げる

4 膝を伸ばしてスナッチの姿勢に戻る。回数や時間を正しく設定して繰り返す

バーベルを頭上に持ち上げたスナッチの状態のままスクワットを行ってみましょう。ポイントは上半身が前に傾かないようにスクワットをすることです。そのためには肩甲骨、胸郭と、股関節との連動が必要となります。

それぞれの能力に応じてプレートを付け、負荷を高くしていきますが、まずはバーだけを持ってスクワットのフォームを確認しながら行うことをお勧めします。

適度な負荷でスクワットのトレーニングを行うことによって、肩まわりや腕まわりの筋力アップも同時に図ることができます。正しいフォームで10回×3～5セットできることを目標に行ってください。

【ベンチプレス①】基本トレーニング

仰向けになって上半身を強化する

1

バーが鼻の真上に来るようにベンチに仰向けになる

2

肩甲骨を付けながら胸郭を開いてバーベルを持ち上げる

121ページまでのように、立位の姿勢でバーベルを持ち上げることでハムストリングスや股関節および体幹などが主に鍛えられました。一方、ベンチに仰向けになってバーベルを持ち上げる「ベンチプレス」では、主に上半身、特に大胸筋を強化することができます。

まずはバーが鼻の真上に来るようにベンチに仰向けになります。上腕が床と平行になるようにバーをつかみ、肩甲骨を付けながら胸郭を開いてバーを持ち上げます。ゆっくりとバーを下げて、バーベルが胸まで下がったら静止させて、今度は腕で押し出すイメージでバーベルを上げていきます。重さや回数を正しく設定することが大切ですが、フォームを作る際は、3秒で降ろして2秒で上げる動きを10回×3～5セット行いましょう。

3 ゆっくりとバーベルを下げる

4 胸のあたりでバーベルを静止させる

5 腕で押し出すイメージでバーベルを上げる

6 重さや回数を正しく設定して繰り返す

【ベンチプレス②】トレーニングのポイント

正確なフォームで効果を上げる

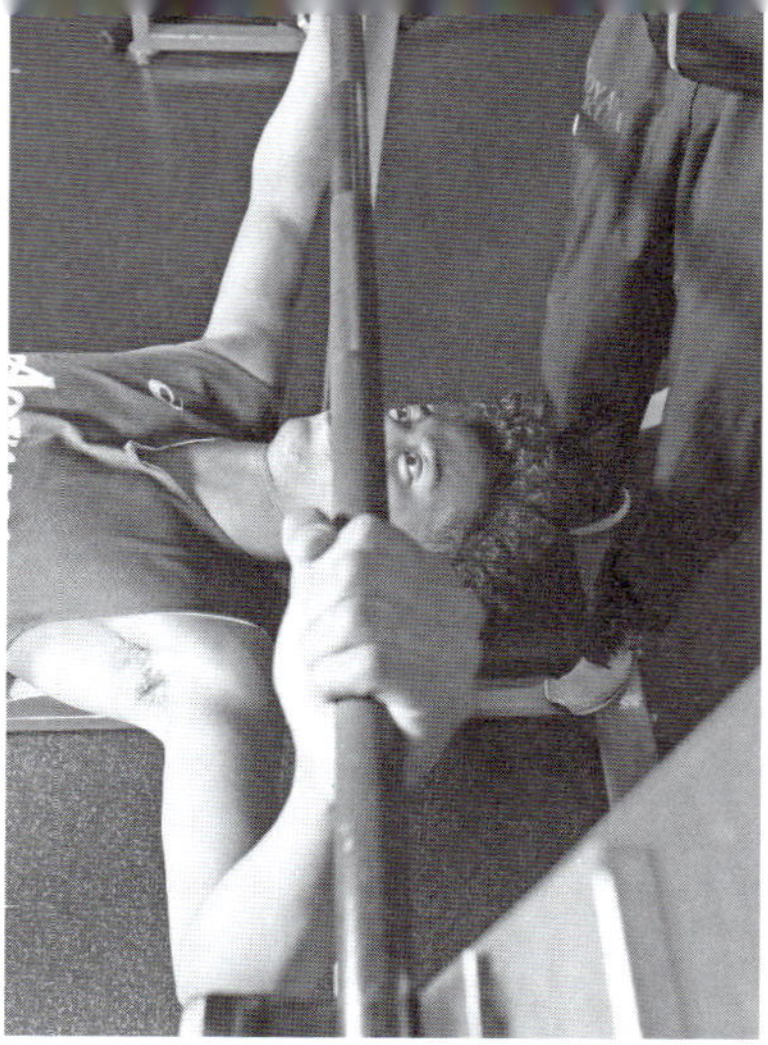

バーの位置

鼻の真上にバーが来るように仰向けになる

バーを握る位置

上腕が床と平行になるところでバーを握る

122ページで紹介した「ベンチプレス」のポイントを写真で細かく見ていきましょう。大事なことはバーの位置、バーの握り方、握る位置、バーベルを動かす時の姿勢、バーベルを下げる位置、そしてリズムよくバーベルを上げ下げするということです。

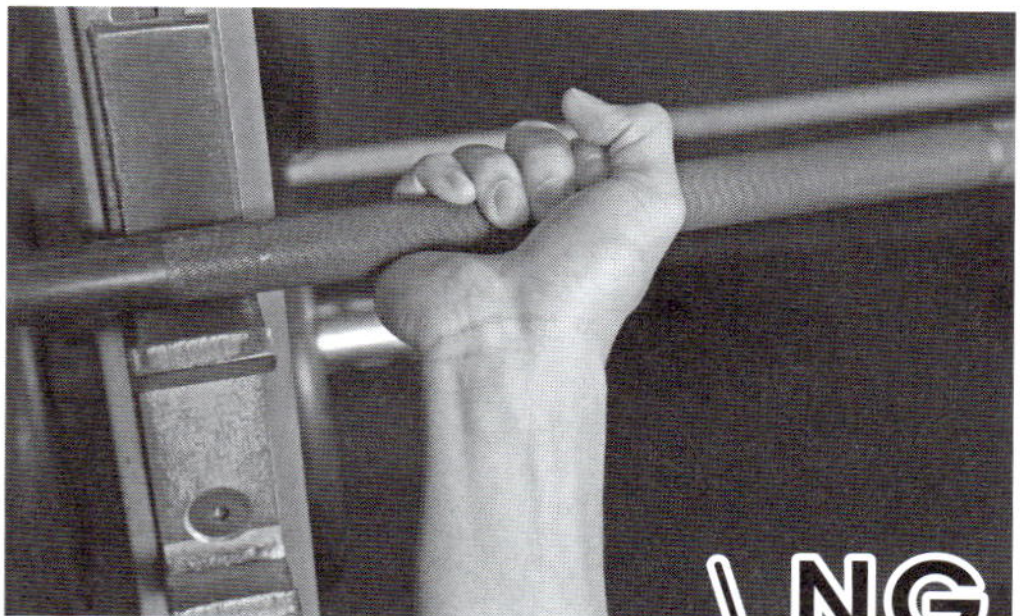

NG

手首を返すと、そこに重さがかかり過ぎるので注意しよう

バーの握り方

親指のラインにバーを合わせた後、小指から順に握っていき、最後に親指でおさえて、手首を真っすぐにしておく

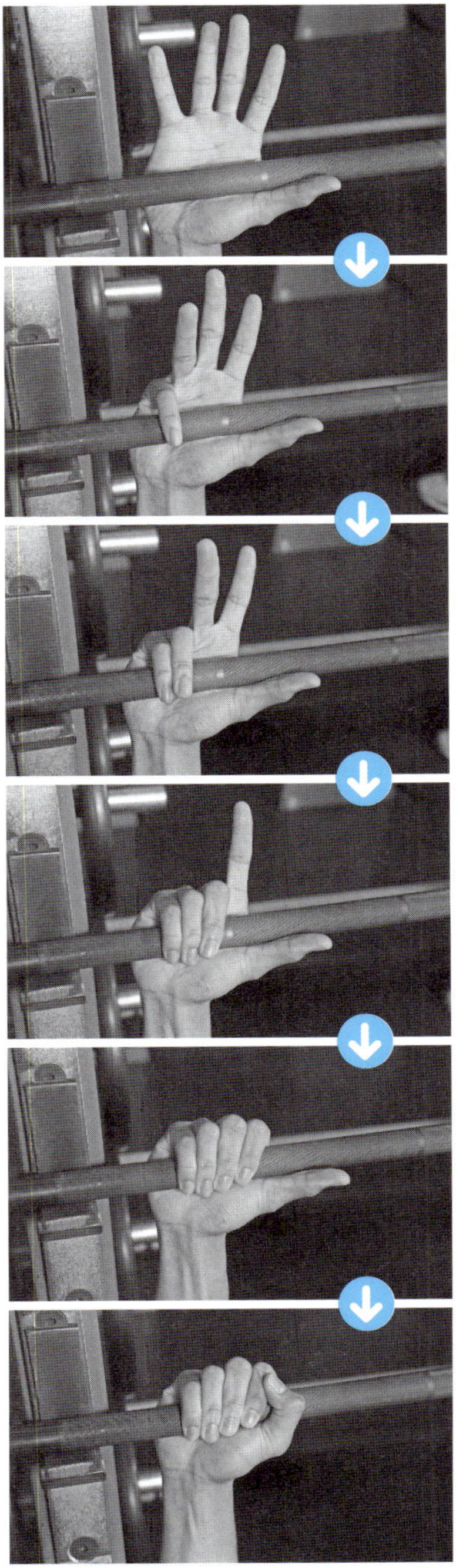

バーベルを下げる位置

バーベルを胸に着地させて静止させる

動かす時の姿勢

肩甲骨を付けるように意識して胸郭を広げる

【ベンチプレス③】補助
2人1組で行う

1

補助するパートナーはバーベルに近い位置に立って、バーに両手を添える

2

トレーニングするプレーヤーが安全に行えるように配慮する

3

バーベルがスムーズに持ち上げられないような場合にサポートする

この第4章で紹介したようなバーベルトレーニングを行う場合、負荷を少しずつ高めていくとともに、適切な重さや回数を設定することがとても大切です。そして立位の姿勢でのバーベルトレーニングであれば、たとえ持ち上げられなくても、下に敷いてあるマットに降ろせば大丈夫ですが、ベンチプレスで負荷が高すぎると身動きがとれなくなってしまう危険性があります。

そこで2人1組で行い、補助となるパートナーがバーのすぐそばに立って両手を添えて安全にトレーニングを進めていくことをお勧めします。基本的には1人でバーベルを上げ下げすることを目標とし、スムーズに上げ下げできない場合にはサポートしてあげるようにしましょう。

Chapter

5

ジャンプトレーニングについて考える

Jump Training

Basketball
physical training

Jump Training

ジャンプトレーニングを行う上での注意点

傷害につながらないように導入する

10フィート（3メートル5センチ）の高さにあるリングにシュートを決めると得点となる競技特性から「高さ」が重要な意味を持つのは間違いありません。それだけに身長の高さや腕の長さが生かせますが、ジャンプトレーニングを通じて跳躍力を向上させることが可能です。言い換えると、小さなプレーヤーでもある程度の高さを備えることができるわけです。

スピードを生かしてディフェンスを抜き去り、そのスピードを生かしながらジャンプして、相手のビッグマンのブロックをかわして決める。タイミングのいい、しかもクイックな跳躍でリバウンドを奪取する。一度でボールをキャッチできなくても、何度も粘り強くジャンプしてボールに触って自分たちのボールにする。ゲームで役立つような実戦的なジャンプ力を備えることがトレーニングの目的となります。

ただし、注意しなければならないことがあります。それは基礎体力をしっかりと備えた上で導入し、少しでも下腿部に違和感があったら、中止してほしいということです。

バスケットボールだけでなくバレーボールなども含めて、跳躍と着地を繰り返す競技においては、練習や試合を通じて相当な負担が膝を中心とした下腿部にかかります。それだけに競技を行うだけでも、跳躍力が自然と備わるという側面があります。そこからさらに跳躍力を伸ばすためにジャンプトレーニングを取り入れるのであれば、それに耐え得る基礎体力をトレーニングで備えておく必要があり、ウォーミングアップやクールダウンでストレッチを入念に行うことも欠かせません。

特に成長段階にある中学・高校生などは慎重にジャンプトレーニングを導入してください。行うのであれば専門トレーナーの指導の下で導入するのが理想です。大学生以上の基礎体力を備えたプレーヤーもトレーニングを行っている時に下腿部に違和感があったら、いったん中止するように心掛けましょう。

第5章の流れ

1 跳び方

高くジャンプすることを目指すが、ただ高く跳べばいいというわけではない。素早く何度もジャンプできる能力がバスケットボールでは求められる

2 バウンディング

3段跳びのように歩幅を大きくとる動作が全身のトレーニングになるとともに、ジャンプ力の向上につながる。この動きを片足と両足で行う

3 ボックスドリル

30センチ、60センチそして90センチと、プレーヤーの特性に見合った高さのボックスを利用して、ジャンプと着地を繰り返す。正面からのジャンプに加え、横からも行う

【跳び方①】リングジャンプ

深く沈み込まないでジャンプする

1 助走をとってダッシュする

2 ジャンプのタイミングを計る

NG

膝を曲げて沈み込み、腕を大きく振り上げるジャンプは高く跳べるが、跳ぶのに時間がかかるので実戦的とは言えない

実際にどのくらいのジャンプ力が備わっているか、バックボードにタッチしてみましょう。

大事なことは深く沈み込まないで跳ぶ「リバウンドジャンプ」を心掛けるということです。逆に床に着いた状態から屈伸動作のあるジャンプは「カウンタームーブ」と呼ばれ、時間がかかるだけに実戦的ではないので注意してください。

助走をとり、バックボードに向かってダッシュします。そして3枚目の写真のように、足が先に入り体がやや斜めに入った状態から力を上に向けてリバウンドジャンプを行う格好になります。中にはリングまで届くプレーヤーもいると思いますが、これはまわりと高さを競うものではなく、自分のジャンプ力が上がっているかどうかの目安に

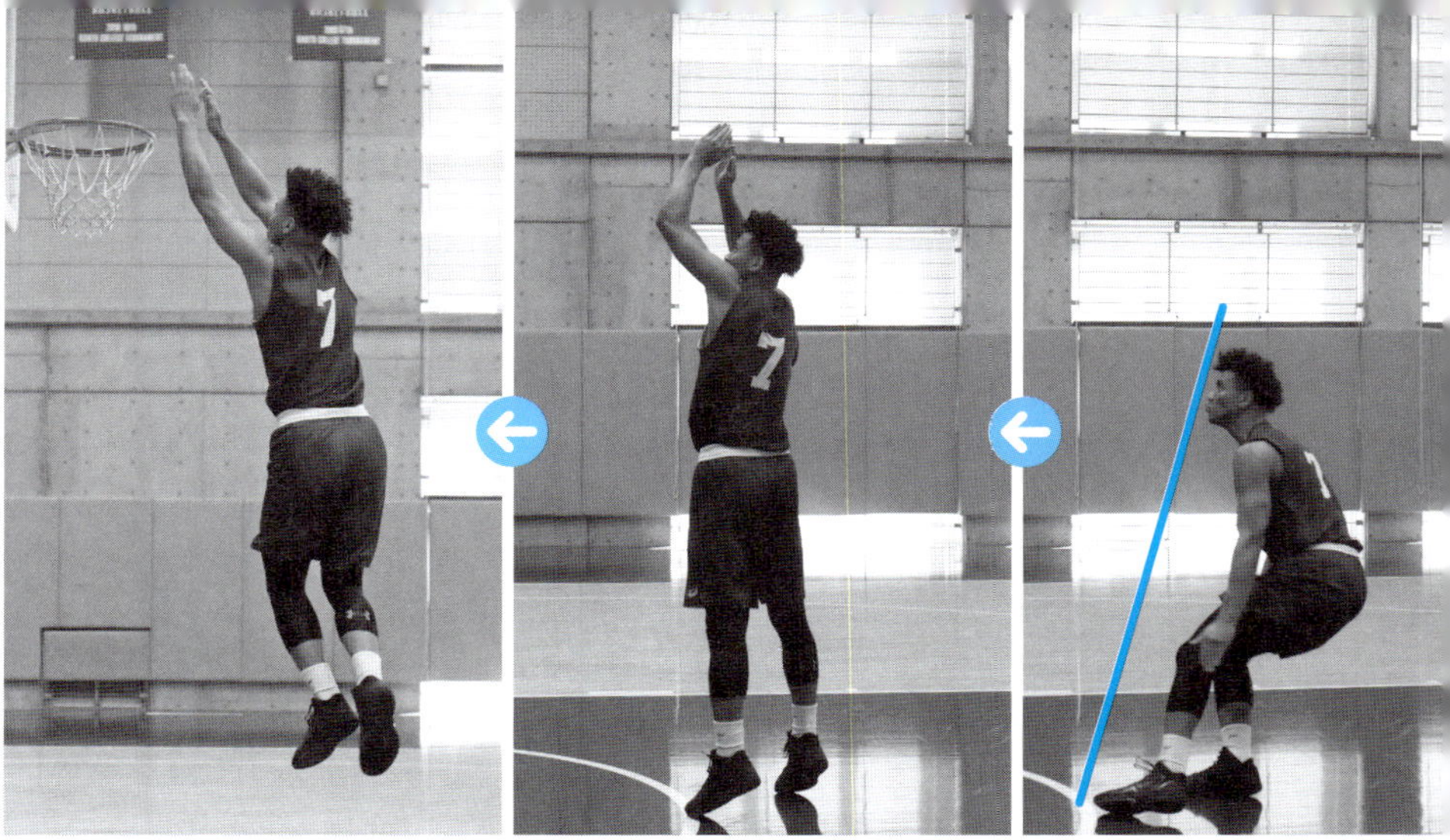

3 深く沈み込まないでジャンプの体勢に入る

4 肩甲骨を付けるイメージでジャンプする

5 ケガしないように注意して着地する

してください。何度も行うと体への負担が大きいので、左右両方から1度ずつでも十分です。着地時にケガしないように注意しながら、全力でジャンプしてみましょう。

ジャンプの確認

素早く次の動作に移行できるようにパワーポジションを意識する「リバウンドジャンプ」を３～５回跳んでみましょう。床に着いた状態から屈伸動作のあるジャンプ「カウンタームーブ」にならないように心掛けてください。

【リバウンドジャンプ】

NG 【カウンタームーブ】

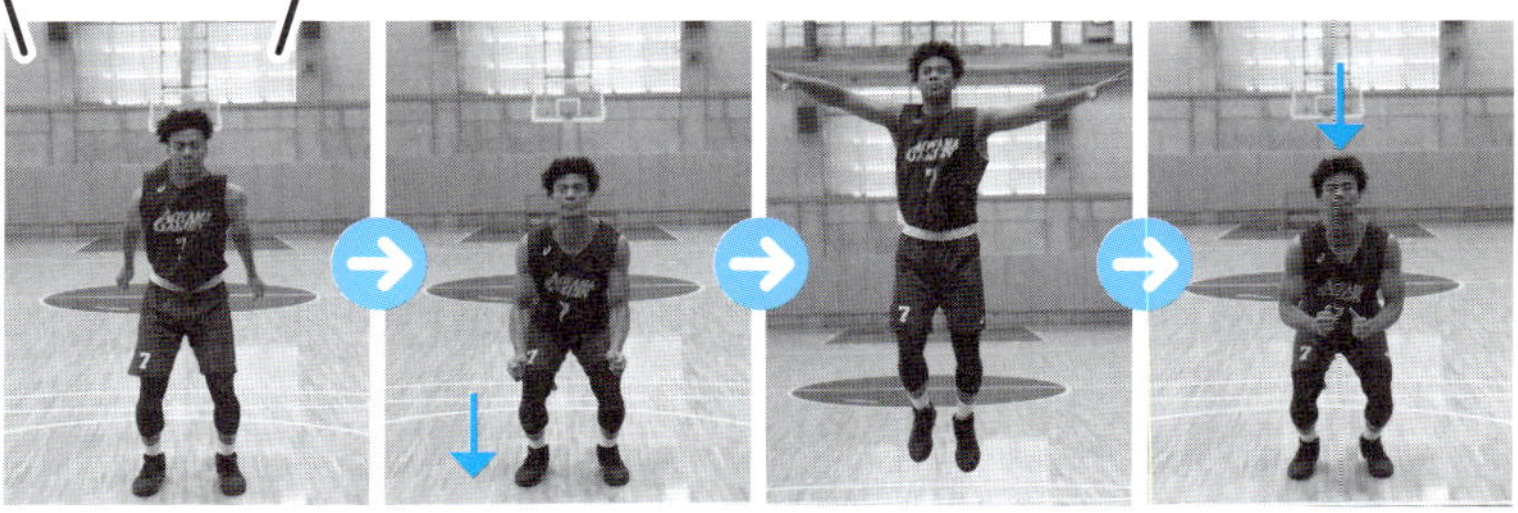

【跳び方②】タックジャンプ

その場で素早くジャンプする

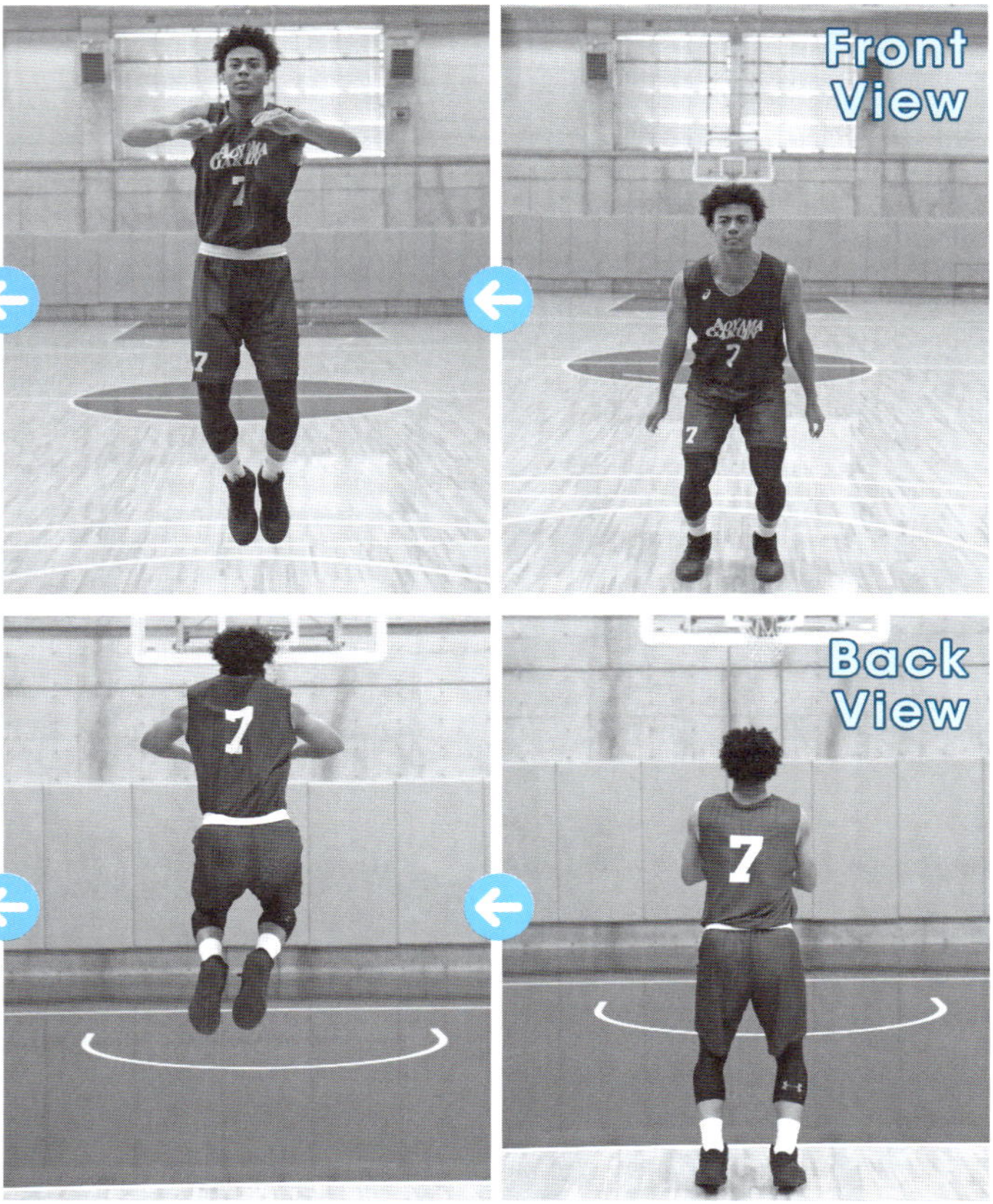

2 小さな腕の振りで太ももを強く引き上げてジャンプする

1 パワーポジションをとる

パワーポジションからその場でジャンプしてみてください。

高くジャンプしようとすると、膝を曲げながら腕を後ろに振り上げてジャンプするものです。しかしながら、そうしたジャンプの方法はバスケットボールにおいては実戦的とは言えません。高くジャンプする、という目的はかなえられるものの、ジャンプするまでに時間を必要とし、しかも連続してジャンプできないからです。

これではリバウンド時など、もう一度ジャンプする必要があるシーンで対応できなくなってしまいます。そこで覚えてほしいのが、肩甲骨を意識して使う「タックジャンプ」です。

肩甲骨を外側から内側に寄せるようにしながらハムストリングスや大殿筋を使うことを意識してジャンプすることによっ

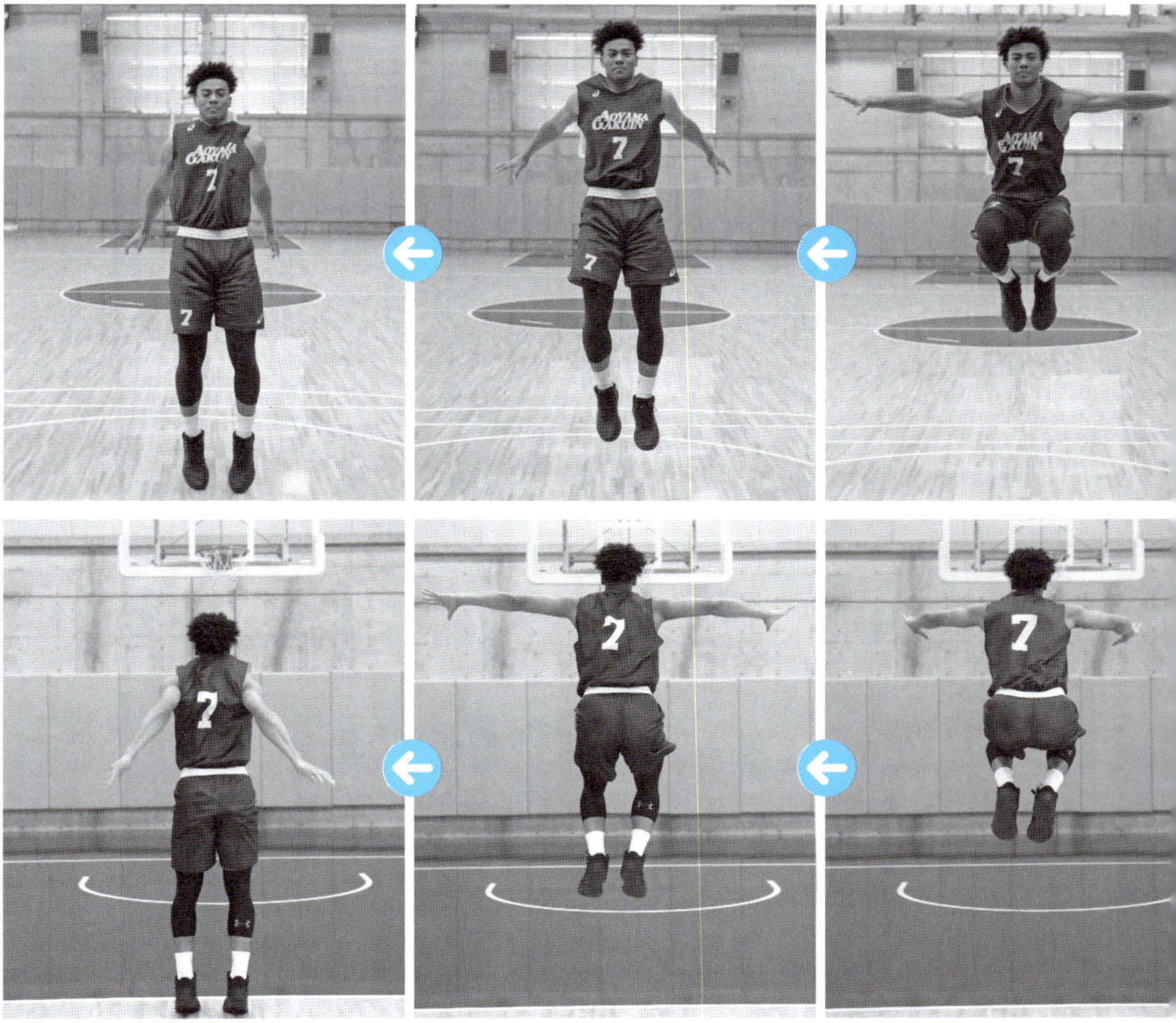

3 肩甲骨を外側から内側に寄せる

4 床と水平になるように腕を上げる

5 膝を深く曲げすぎず、次の動作に移行する準備をする

て、コンパクトな動きでクイックに、しかも連続してジャンプすることができるようになります。

このようなジャンプができることにより、一度のジャンプでボールにからめなくても、もう一度ジャンプできるようなリバウンド力につながります。

猫背にならず、体を真っすぐに伸ばし、肩甲骨を付けるイメージでジャンプしてみよう

【ボックスドリル①】

ジャンプオン

適正な高さのボックスを置いてジャンプ

1 実際のプレーをイメージして走り込む

2 ジャンプのタイミングを計る

目の前に何もない状態でジャンプしても、自分がどれだけジャンプできているかわかりにくいものです。そこで適正な高さのボックスを置いて、両足でジャンプして乗ってみましょう。私のチームには、30センチと60センチのボックスがあり、二つのボックスを重ねて90センチで行うこともあります。

高さを可視化することによって目標が明確になり、トレーニングを効率的に進めることができます。ただし、極端に高いボックスを使わないように注意してください。

大事なポイントは、足が先に入り体がやや斜めに入った状態から力を上に向けてジャンプして、ボックスに乗ることです。

写真のように、ゴール前にボックスをセットすることでゴール下のシュートやリバウンドといった実際のプレーとリンクさせてイメージしやすく、取り組みやすいはずです。

3 足が先に入り体がやや斜めに入る

4 力を上に向けて、肩甲骨を付けながらジャンプする

5 適正な高さのボックスの上で着地の姿勢をとる

【ボックスドリル②】デプスジャンプ

着地時の力を吸収して再度ジャンプ

1
適正な高さのボックスの上に立つ

2
体勢を崩さずに落下していく

　ジャンプ力を高めるのに必要な脚力を備えるのに効果的なトレーニングが、ボックスから着地しそのまま次のジャンプに移行する「デプスジャンプ」です。

　まず、ボックスから着地した時の衝撃を吸収し、その時の伸長反射を生かして再度ジャンプしてみてください。写真のようにゴールの前にボックスをセットすることで、実際のプレーとリンクさせやすいはずです。

　ゲームでもリバウンド時には、一度ジャンプしてボールを取られなくても、すぐにまたジャンプしなくてはならない場面があります。それだけにこのような着地時のトレーニングを通じて、何度も粘り強くジャンプする実戦的な力を備えていきましょう。

　強度の高いトレーニングなので基礎体力を備えた上で行ってください。

3

肩甲骨を付けるようにして着地の体勢をとる

4

つま先から着地し、深く沈み込まないリバウンドジャンプに移行する

5

着地時の伸長反射を生かしてリングに向かってジャンプする

【バウンディング①】両足バウンディング

パワーポジションをとり続ける

1
パワーポジションの姿勢から両足ジャンプの体勢をとる

2
高くしかも遠くに移動できるようにジャンプする

3
空中でもパワーポジションの姿勢を意識する

ジャンプ力の向上に加え、ハムストリングスやふくらはぎをはじめ、下腿部の体力強化につながるトレーニングが「バウンディング」です。床を強く蹴って生まれた下半身の力を上半身へと連動させるのがこのトレーニングの大きな特徴で、パワーポジションをとり続けることがポイントとなります。

写真を見てください。膝を曲げた低い姿勢から両足ジャンプし、空中でもその姿勢をできるだけ維持しながら着地のパワーポジションにつなげています。

ただし、かかとから着地体勢に入った直後、パワーポジションで静止するのではなく、着地した時の伸長反射を生かして次の両足ジャンプへとつなげます。その際、着地時間を短くし、リバウンドジャンプを心掛け、すぐに次のジャンプを行うのが理想です。私のチームではハーフコート（14メートル）を5歩で到達できることを目標にしています。

4 かかとから着地
体勢に入る

5 パワーポジションの
姿勢をとる

6 着地した時の伸長反射
を生かして次のジャンプに移行する

7 パワーポジションを意識
しながらセンターライン
まで移動する

【バウンディング②】交互・片足バウンディング

下半身の力を上半身へと連動させる

片足（写真では左足）だけで着地する

伸張反射を生かしつつ逆足の太もも（写真では右足）を引き上げる

リズムよく進んでいく

伸張反射を生かしつつ逆足の太もも（写真では右足）を引き上げる

着地させた足を前に出す

同じ足を着地させていく

両足のバウンディングができるようになったら、大きな歩幅で走るような格好となる片足のバウンディングも行ってみましょう。

できるだけ遠くに移動できるように高くジャンプし、踏み切ったのとは逆の足で着地します。その時に着地の衝撃を吸収するとともに、その瞬間の伸張反射を生かしながら床を蹴って次のジャンプへと継続させます。左右交互に足を着地させた後、片足ずつケンケンのように進むバウンディングのトレーニングも行ってみてください。

上の二つの写真**【フルのバウンディング】**は、最大幅を目指した片足バウンディングです。滞空時間が長いだけに、着地時には片

【フルのバウンディング（交互）】

パワーポジションの姿勢からスタートする

できるだけ遠くに着地点を置く

片足（写真では右足）だけで着地する

伸張反射を生かしつつ逆足の太もも（写真では左足）を引き上げる

【フルのバウンディング（片足）】

パワーポジションの姿勢からスタートする

できるだけ遠くに着地点を置く

肩甲骨をつけて体を引き上げる

片足（写真では左足）だけで着地する

足に相当な負荷がかかります。それだけにジャンプ力向上が期待できるのですが、いきなりこのようなバウンディングを行うと、ケガするリスクが高まります。

そこで、歩幅を半分程度におさえた「ハーフバウンディング」から行うことをお勧めします。体に負荷がかかり過ぎないように注意しながら、少しずつ滞空時間の長いバウンディングへと移行していきましょう。

私のチームではこれらのバウンディングでもハーフコート（14メートル）を5歩で到達できることを目標にしています。

COLUMN

ボックスを有効に利用する

　複数のボックスを並べることでボックスドリルをいろいろな形で工夫することができます。写真**【連続ジャンプ】**のようにボックスの上に乗らず連続で超えていく他に、シュートに持ち込む時やリバウンドを取るシーンなどでは横方向にジャンプするケースがあります。そこでボックスの横からジャンプしてボックスに乗りながら移動するトレーニング**【サイドジャンプ】**も効果的です。

　このバリエーションとして「リバース」というトレーニングでは、サイドジャンプでボックスに乗り、一度元の位置に降ります。そしてすぐさまボックスをサイドジャンプで超えていくというドリルです。

　プレーヤーの特性に応じて適度な負荷でジャンプトレーニングを取り入れてみてください。

【連続ジャンプ】

ジャンプオン（134ページ）を連続して行ったり、ボックスを連続で飛び超えていく

【サイドジャンプ】

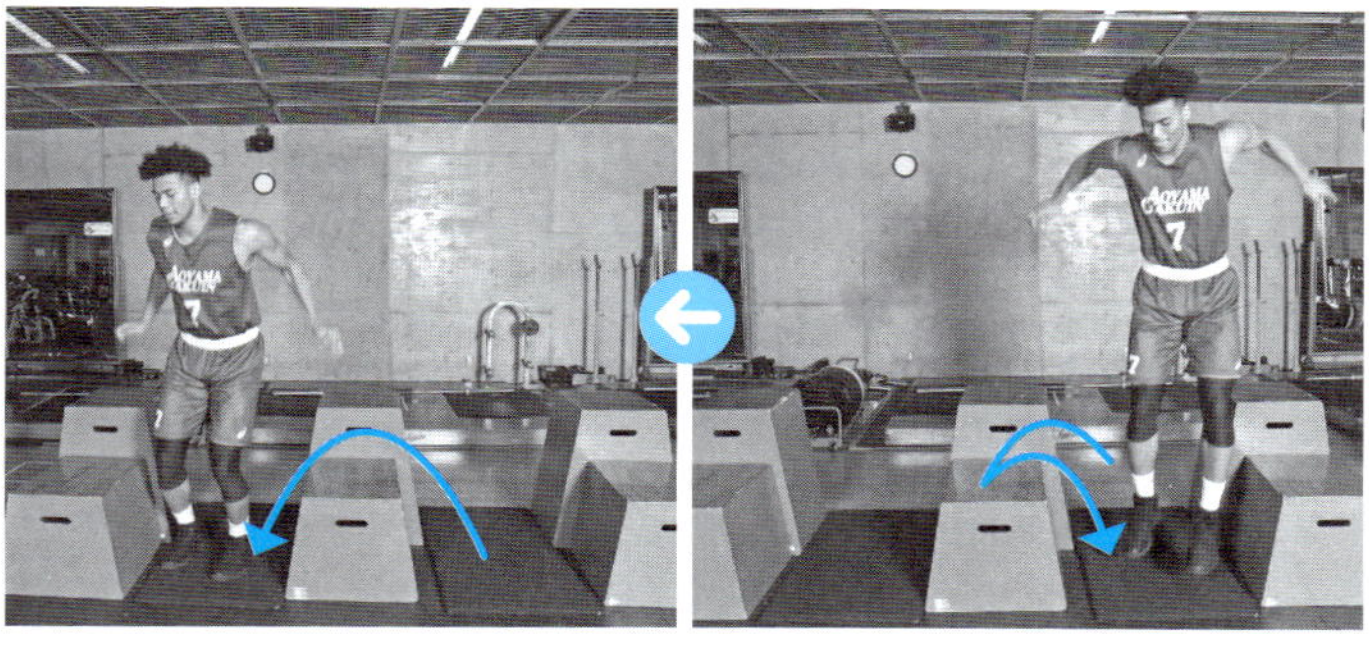

横向きにジャンプオンを行ったり、ジャンプした位置に一度戻って、ボックスを横向きに飛び超えていく

Chapter

6

スプリント系とアジリティトレーニング

Sprint & Agility

バスケットボールに必要な走力とは

―インターバルトレーニングの必要性―

　バスケットボールの試合中の心拍数を計測してみると、最大心拍数の90％以上に相当する1分間あたり１８０拍以上の数字が何度も表れます。それだけに持久力を高められるようなトレーニングが必要なのですが、マラソンのように長時間走り続けられるような持久力とは性質が異なります。また、10秒前後で全力を出し切る１００メートル走のような短距離走とも違います。

　バスケットボールの場合、ファストブレイク（速攻）やフルコートプレス（ディフェンス）など試合の流れを左右する重要な攻防の中で3〜10秒程度の全力運動が行われます。その後、ゆっくりとした流れになったり、フリースローやアウトオブバウンズなどでプレーが止まり、数十秒間の休息をはさむ時間も訪れます。すなわちバスケットボールでは、一瞬の全力運動と休息を何回も繰り返すことができる体力が必要なのです。このような持久力を高める上で効果的なトレーニング方法の一つが「インターバルトレーニング」です。

試合中は最大心拍数の約95％以上の負荷がかかる時間帯が想定されるものの、日頃の練習ではそこまで負荷をかけにくいものでしょう。練習メニューの内容がスクリメージなどゲーム形式のものが多い時期はともかく、試合期でなく基礎体力を備えたい時期には、この章で紹介するスプリント系のインターバルトレーニングに取り組んでほしいところです。選手により試合の出場時間に長短の差が出ることから、運動量が少ない選手は特にインターバルトレーニングをお勧めします。

そして、練習場所が十分に確保できないチームや部員数が多いチームは、試合と同程度もしくはそれ以上の負荷をかけられるようにインターバルトレーニングを工夫して行うとともに、この第6章の最後に紹介する「スクエアドリル」でアジリティ面も強化していきましょう。

フィジカルの強さや、スプリントの力は、次章で紹介するボールを使った練習でも向上させることができます。練習時間が限られているチームは、試合期などは特に、ボールを使った練習も工夫しながら体力面を上げていく必要が出てくるかもしれませんが、15～20分の短時間で行える効率的なトレーニングを工夫してぜひ取り入れてください。

第6章の流れ

1 スプリント系トレーニング

バスケットボールの競技性に見合うように、インターバルをはさみながら走力を高めていくことが不可欠。長身選手は走ることを嫌がる傾向が見られるが、前向きに取り組むようになろう（160ページコラム参照）

2 アジリティトレーニング

40センチ四方のマークを目安に各種ステップを踏むトレーニング。素早い動きを行いながらもパワーポジションを意識して姿勢を維持し、次の動作にスムーズに移行できるようにする

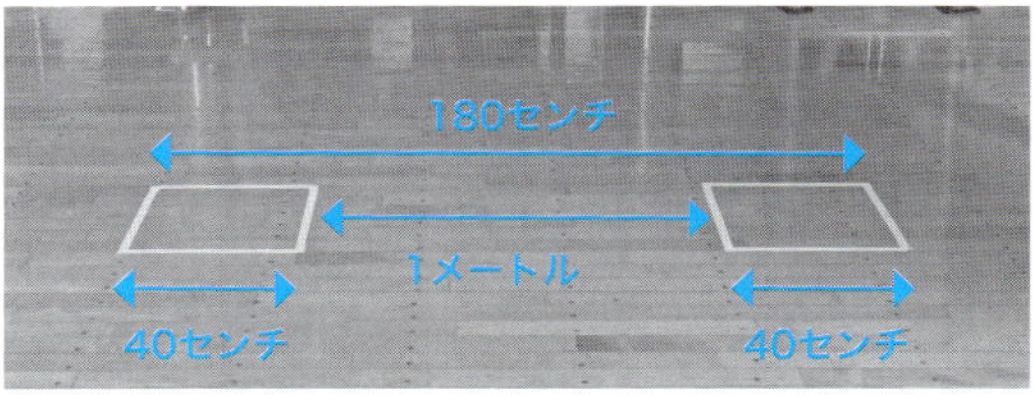

【スプリント①】20メートルスプリント

競技性に見合った走力を備える

一般的に短距離のスプリントと言うと、「50メートル走」をイメージされるものですが、コートの縦の長さが28メートルのバスケットボールにおいては、50メートルよりさらに短い20メートルという距離で速く走る力が求められます。しかも短い距離、5～10メートルでトップスピードに入る力が必要です。

走る姿勢としては、体を真っすぐにすることが基本です。右の写真のように上からつるされているようなイメージで立位の姿勢をとってください。

さらに走っている時の肘の角度

走っている時は前傾になり過ぎず、上からつるされているイメージで体を真っすぐにするように

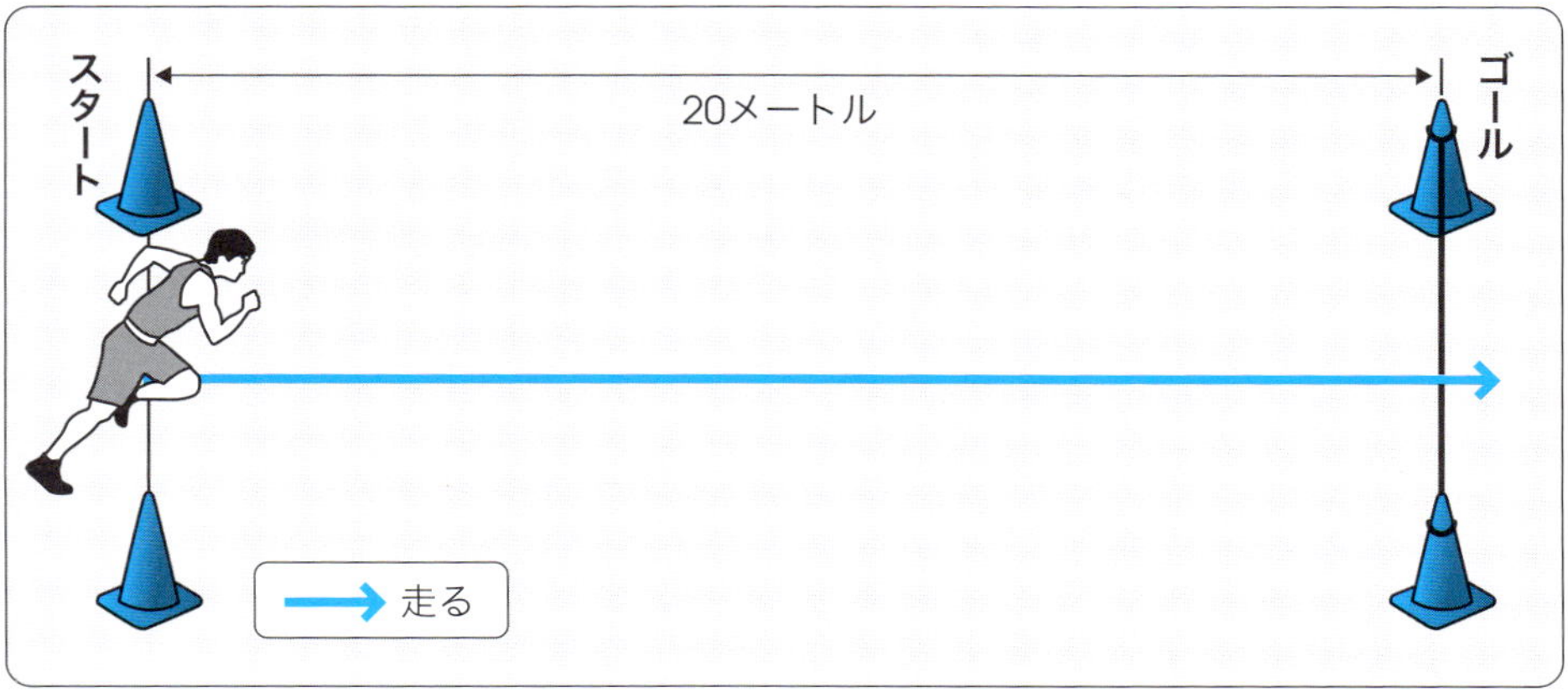

を確認して無駄のない走りを目指しましょう（上記参照）。

高校生以上の目標タイムとしては男子が3・0〜3・3秒。女子が3・3〜3・6秒程度ですが、距離が短いだけに測定が難しく誤差が生じやすいと言えます。

そこで計測者を3人にすることをお勧めします。3人のうち、タイムが近い2人の平均タイムを記録することによって、誤差を最小限にすることが可能になるのです。

走る時の腕の角度を確認

両腕を前後に振る際、前方にくる腕を鼻の高さまで上げ、その時の肘の角度は約60度。そうして90度を目安に体の横で振りつつ、後方に振った時の肘の角度は約120度を目安とします。そして腕を後ろに振る際には、肘を上げるように意識しましょう。そうすることで、後ろに引いた腕が勢いよく前に戻り、前方に腕を振りやすくなります。その際に肩を支点にして振ると、肩甲骨を動かしやすくなり、スピードが増すことを覚えておいてください。

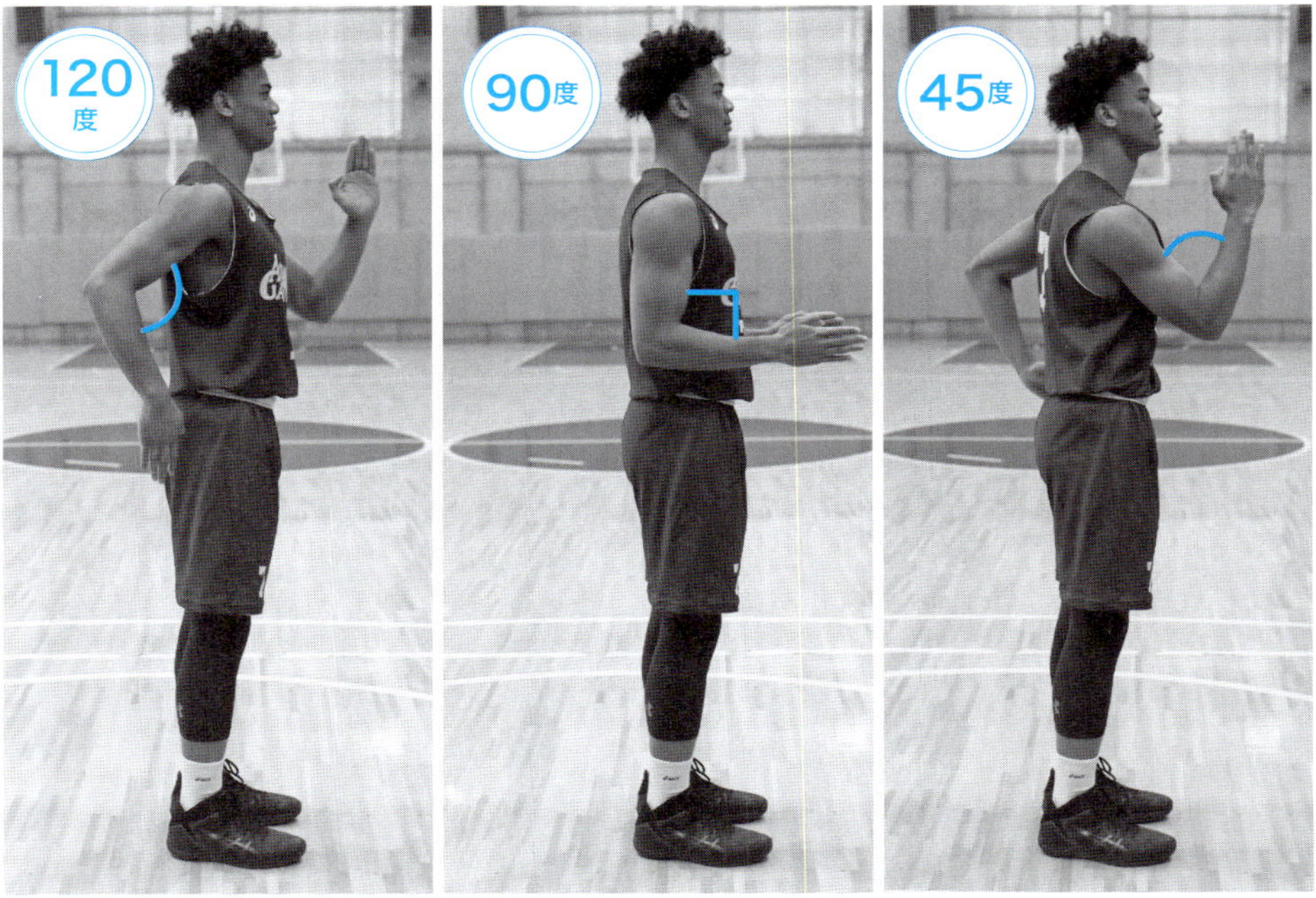

＼NG／

腕を後ろに振った際に腕が伸び切ってしまうと、前に進もうとする力「推進力」が後方に逃げてスピードが出ないので注意しよう

【スプリント②】20メートルアジリティ

スムーズなターンの技術を備える

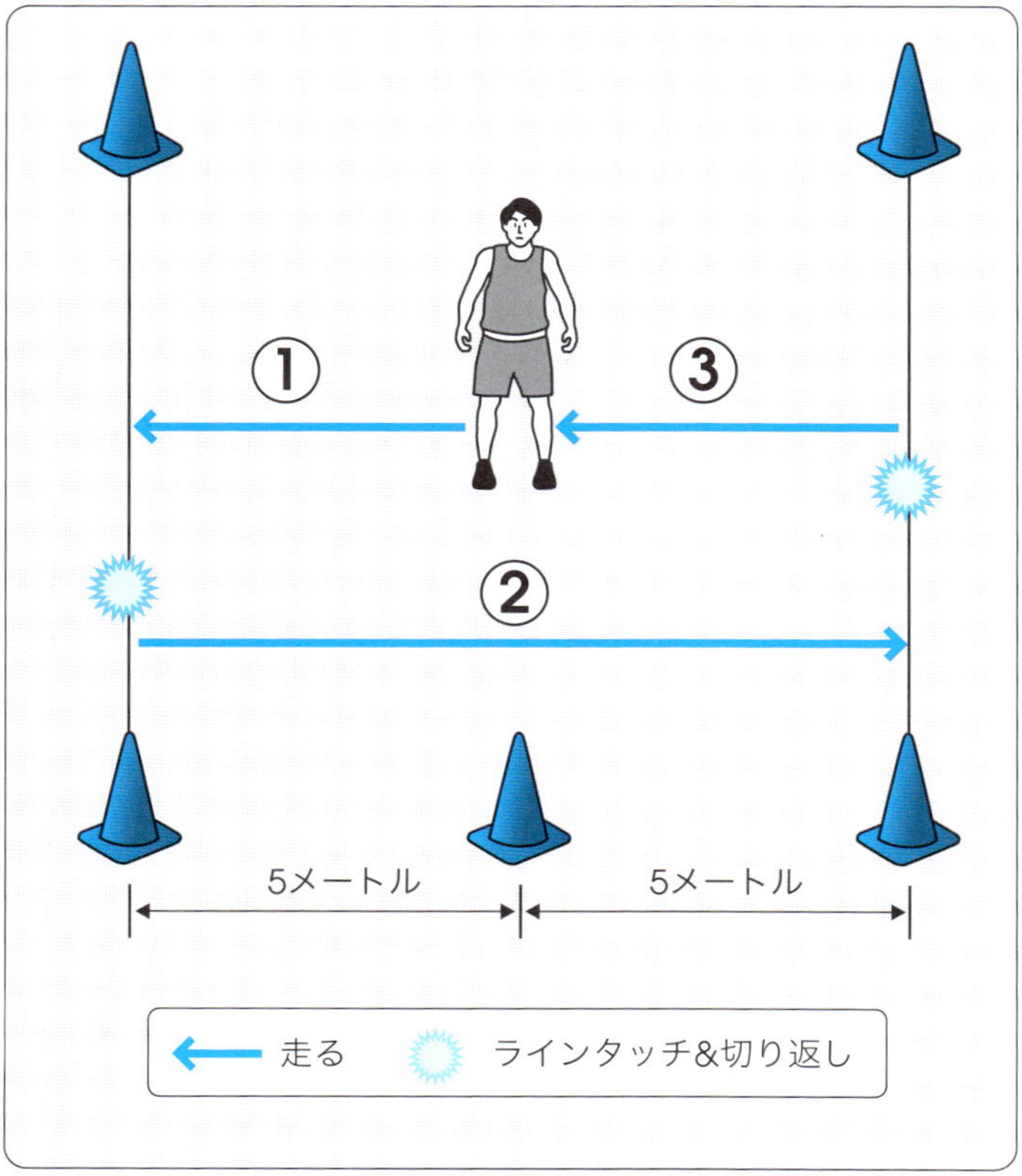

バスケットボールにおいては攻防を切り換える際や、相手の動きに対応する際に「ターン」の技術が求められます。移動するスピードを瞬時に止め、ターンをスムーズに行うことによって、次に走り出す際のスピードも出しやすくなります。

練習方法としては、5メートル間隔で3ケ所に地点を決め、中央からスタートします。図のように①→②→③の順番で素早く移動します。①から②、②から③へと切り換える際、進んでいる方向が右なら右手で、左なら左手でタッチします。そして、タッチする足を横向きにして方向転換を図ってください。

このような素早い移動とターンの切り返しがポイントで、目標タイムとしては高校生以上の男子で4・7〜5・2秒。高校生以上の女子で5・1〜5・4秒です。146ページの「20メートルスプリント」と同様、3人で計測し、タイムの近い2人の平均値を記録すると、誤差を最小限におさえられます。

3本のマーカーを5メートル間隔でセットし、中央のマーカーからスタートする

右方向に移動してきた時は右手でタッチし、足は横向きでターンする

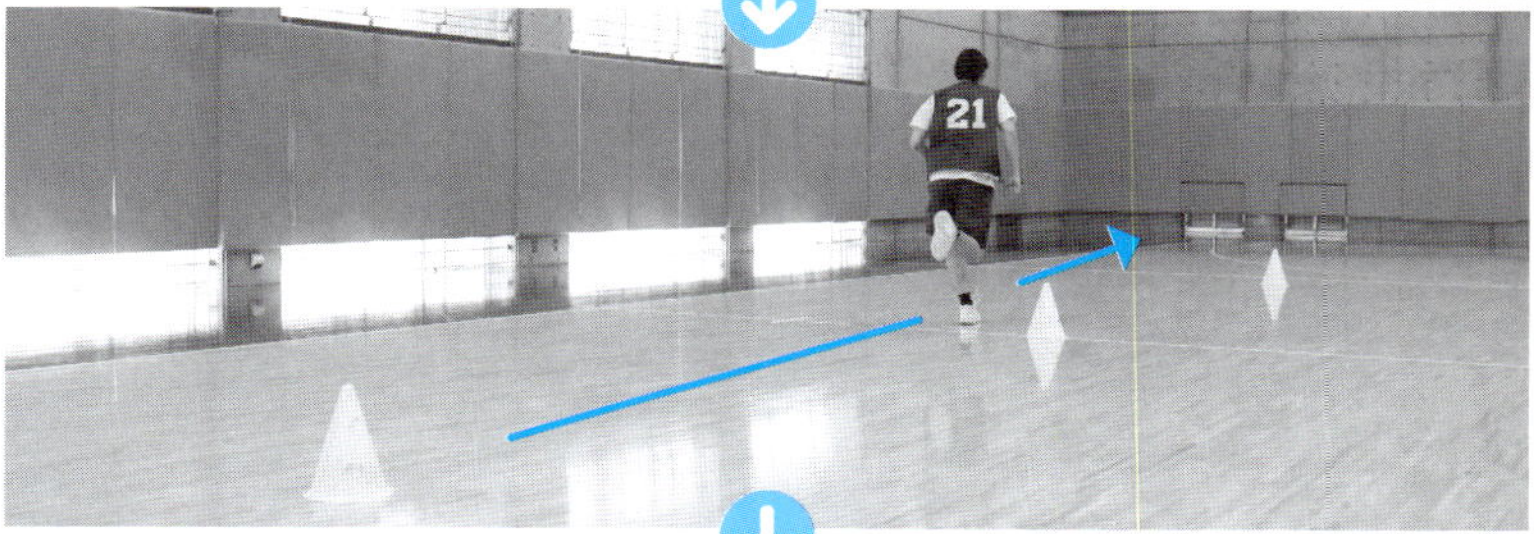

逆サイドのマーカーまでダッシュする

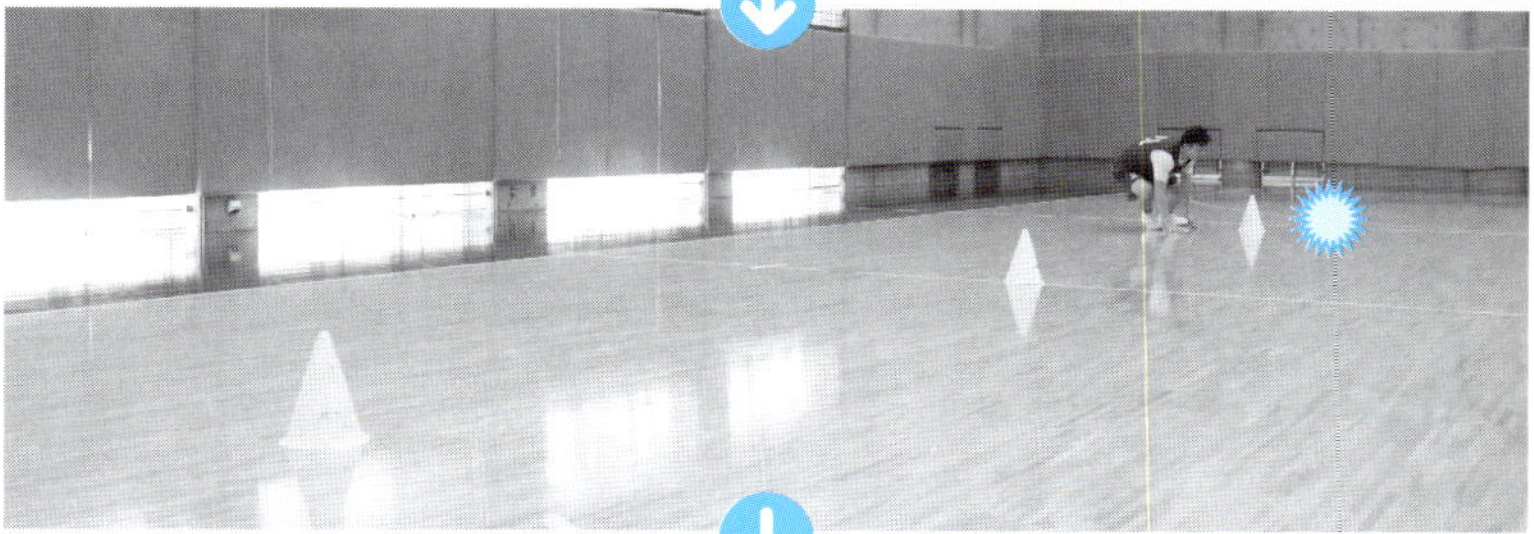

左方向に移動してきた時は左手でタッチし、足は横向きでターンする

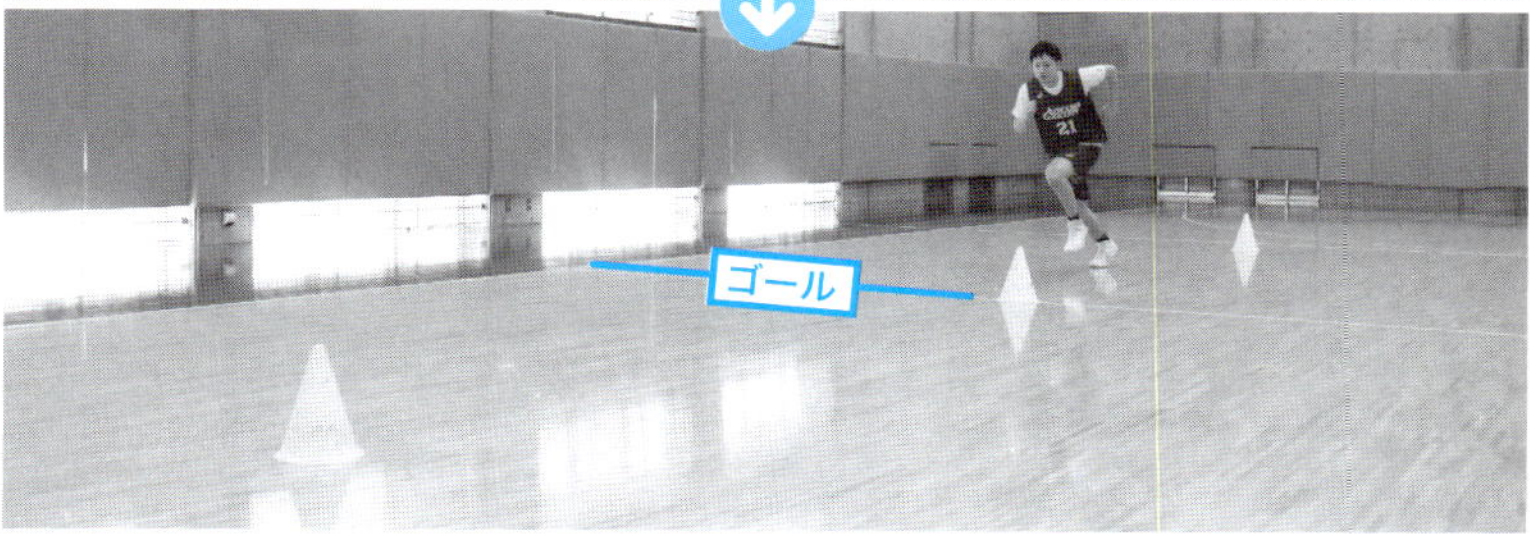

中央のマーカーに達したらゴール

【スプリント③】インターバル2・25往復

ジョギングしながら体力を回復

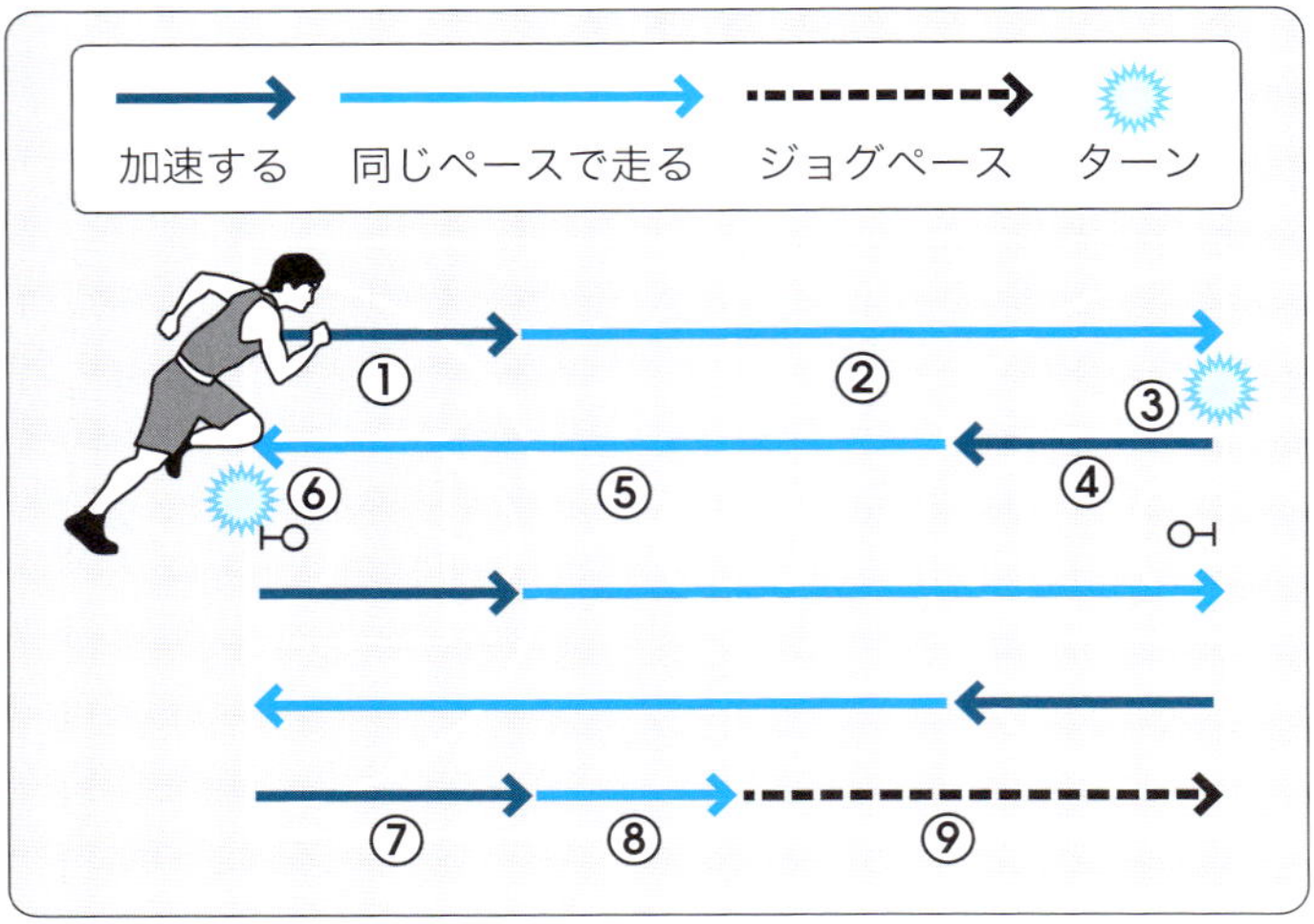

切り返しのラインに対して、着地させる足を平行に近い状態で置き、次に進む方向に体を向ける。その際に足の裏全体を着地させることで蹴り出しが強くなり、次に走り出す時に爆発力が生まれる

私が普段よく取り入れているのは、オールコートを走る「インターバル2・25往復」です。図を見てください。

①3ポイントライン付近（7〜10メートル）までにトップスピードになるように全力で走ります。

②そのトップスピードを維持して走り続けます。

③逆サイドのベースラインで急減速しターンした後に急加速します（上の写真参照）。

④〜⑧オールコートを2往復した後、センターラインまでトップスピードで走り続けます。

⑨センターラインに達したらジョギングしながら体力を回復させます。

10本程度を目安にぜひ、取り入れてみてください。目標タイムとしては、高校以上の男子プレーヤーで23〜25秒。女子プレーヤーで25〜28秒程度が目安となります。インターバルを1分に設定し、リカバリーを大切にしてください。

【スプリント④】ダッシュ&バックラン

後ろ向きに走ってからダッシュ

スプリント力をつける上で忘れがちなのが、バックランです。バランスよく筋力が鍛えられるのに加え、持久力のアップにもつながります。図のようにライン上にマーカーをいくつか置きます。逆側のラインからダッシュし、マーカーに達したら後ろ向きにマーカーを回り、バックランで戻ります。ラインに達したらそのままダッシュします。その際に床に両手を着けて大殿筋、ハムストリングスを利用し、パワーのあるダッシュを心掛けてください（写真参照）。

ラインから4～5メートルのところにマーカーをいくつか置いた際、バックランからダッシュに切り換える瞬間、両手を床に着けて、大殿筋、ハムストリングスを強く意識する

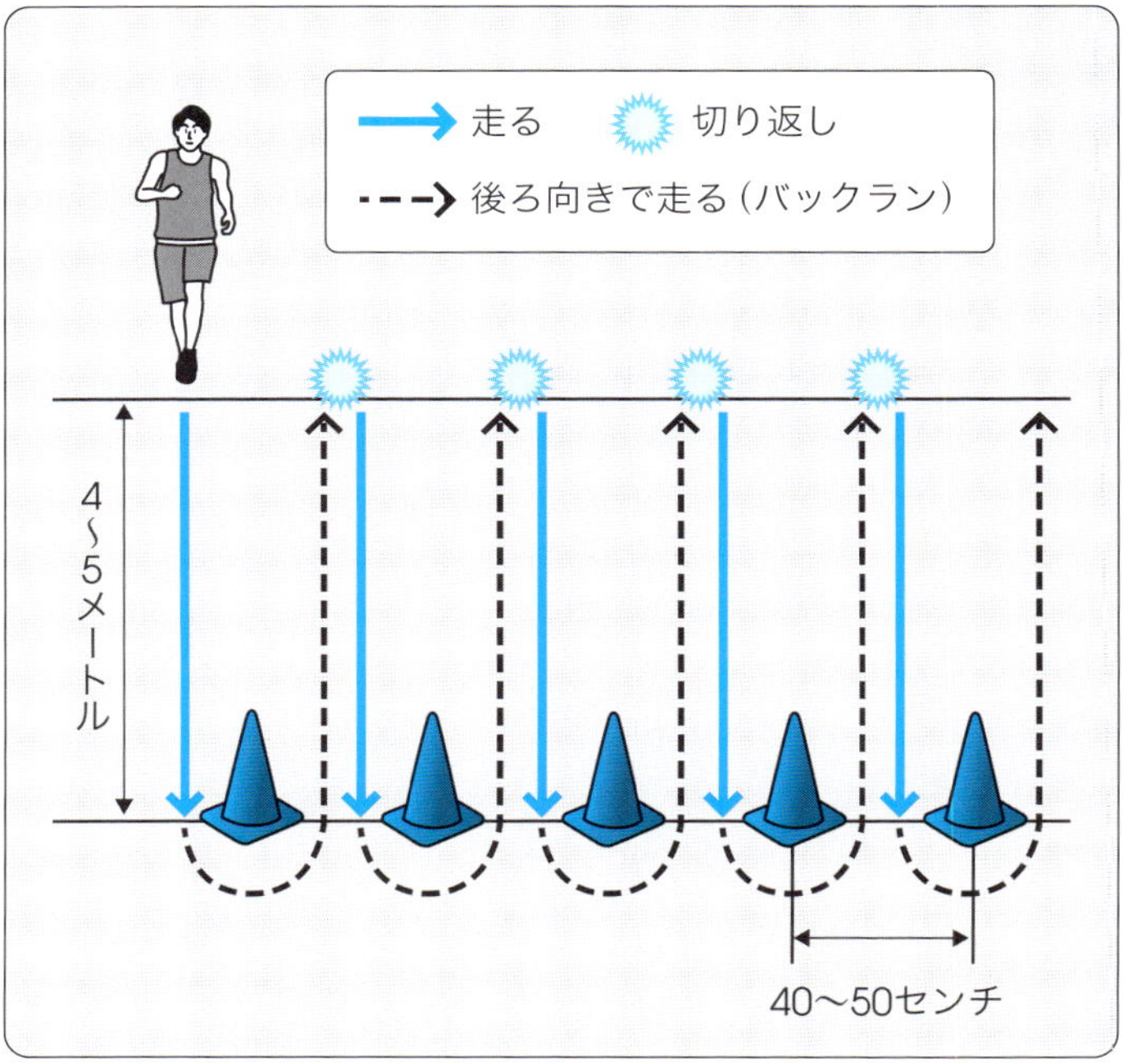

【スプリント⑤】バウンディングダッシュ

3回弾んでからダッシュする

パワーポジションの姿勢をとる

両足で床を強く蹴る

バウンディングを行う

大きな歩幅で弾むように進む

ダッシュに移行する

逆サイドのベースラインまで走り抜ける

パワーポジションの姿勢から足を振り上げるバウンディング（140ページ）で3〜5歩進みます。その時に生まれた推進力がなくならないように、ダッシュに移行してコートの端まで走り抜けましょう。

バウンディングを取り入れることで走力が向上するとともに、ジャンプ力向上にもつながるスプリント系のトレーニングに相当します。

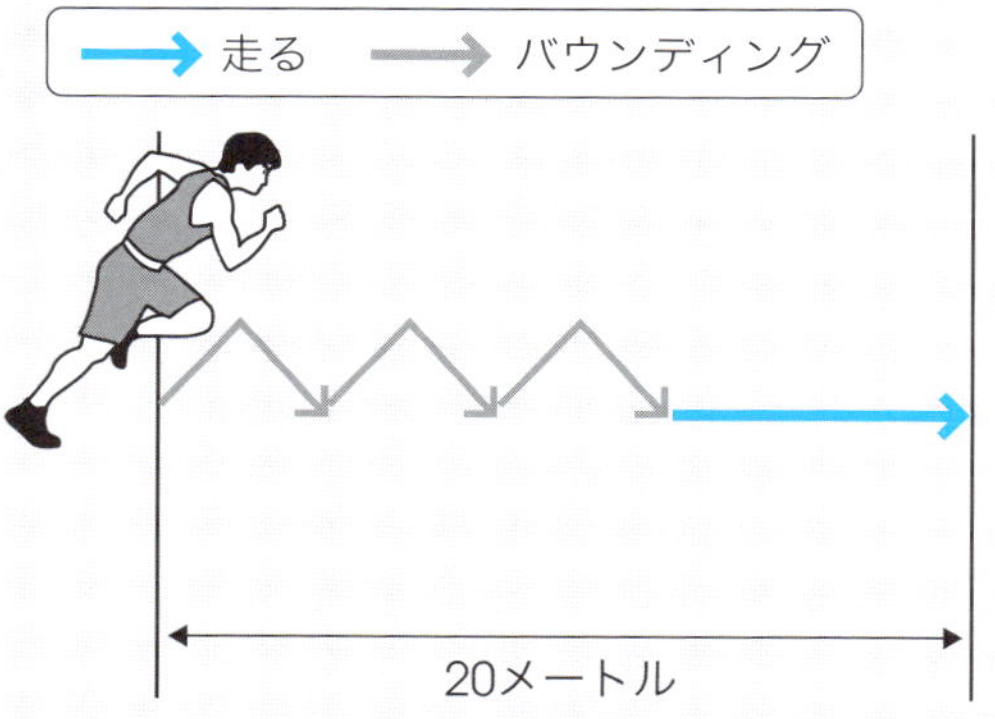

着地している足にしっかりと重心をのせて、思い切り大きくジャンプして前に進もう！

【スプリント⑥】

マルチステージテストとYo-Yo リカバリーテスト

持久力を高める

144ページで触れたとおりバスケットボールには、全力運動と休息を何回も繰り返すという競技性があります。そうした体力を向上させるのが、ここまでに紹介した「インターバルトレーニング」であり、バスケットボールに限らず、学校教育の中でも取り入れられているのが「マルチステージテスト」です。

図のように20メートル間隔で地点を設定。次第に短くなる音声（※市販のデジタイマーにプログラムされていますし、文部科学省からもCD等々が用意されています）に間に合うように走り続けます。正しいランニングフォームとターンを心掛け、2度続けて音声に間に合わなかったら終了です。高校生以上の男子プレーヤーの目標値は、135～145本。女子プレーヤーは110～120本が目安とされています。

このマルチステージで目標値に達したら、「Yo-Yo リカバリーテスト」に取り組んでみましょう。正式には「Yo-Yo Intermittent Recovery test」と言います。20メートルの往復ダッシュの後、5メートルの間に休息をはさみ、音声に合わせてダッシュスピードを上げていく測定です。

マルチステージの記録と、Yo-Yo リカバリーテストの記録を見合わせてプレーヤーの評価をするのも効果的です。コンディショニングやリハビリの回復期の指標にもなります。

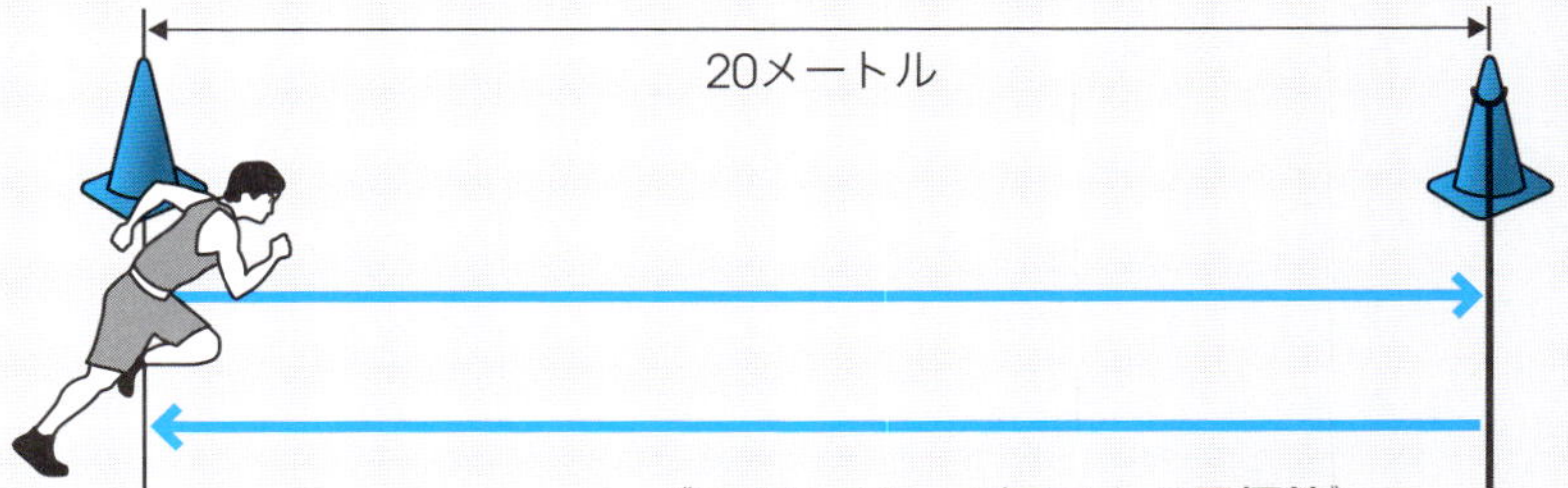

《マルチステージテストの目標値》

ガード（～188cm）	フォワード（188～198cm）	センター（198cm～）
150	145	140

スクエアドリル

パワーポジションを意識して素早く動く

コート上で体を素早く動かす能力は「アジリティ」と呼ばれています。ボールマンが相手ディフェンスをかわしたい時、逆にディフェンスが相手の動きに対応する時などアジリティが求められます。そしてただ素早く動くだけでなく、パワーポジションを維持しながら動きを継続することが重要です。次の動作へとスムーズに移行するためです。

そこで一辺が40センチの正方形をテープで作り、その正方形を目安にパターン1～11のドリルを行ってみましょう。この正方形は目安ですので、できるだけラインを踏まずに行ってください。1種目10～20秒、集中して素早く動きましょう。

このスクエアドリルもコンディショニングやリハビリの回復期の指標となります。

【パターン1】 左右にステップを踏む

片足（写真では左足）を正方形に入れておき、その足を横に出しながら、逆足（写真では右足）を正方形に入れる動きを素早く繰り返してください。

【パターン2】 前後にステップを踏む

両足を正方形に入れておき、正方形の前に片足ずつ出した後、正方形の中を通って後ろへとステップを踏む動作を繰り返してください。

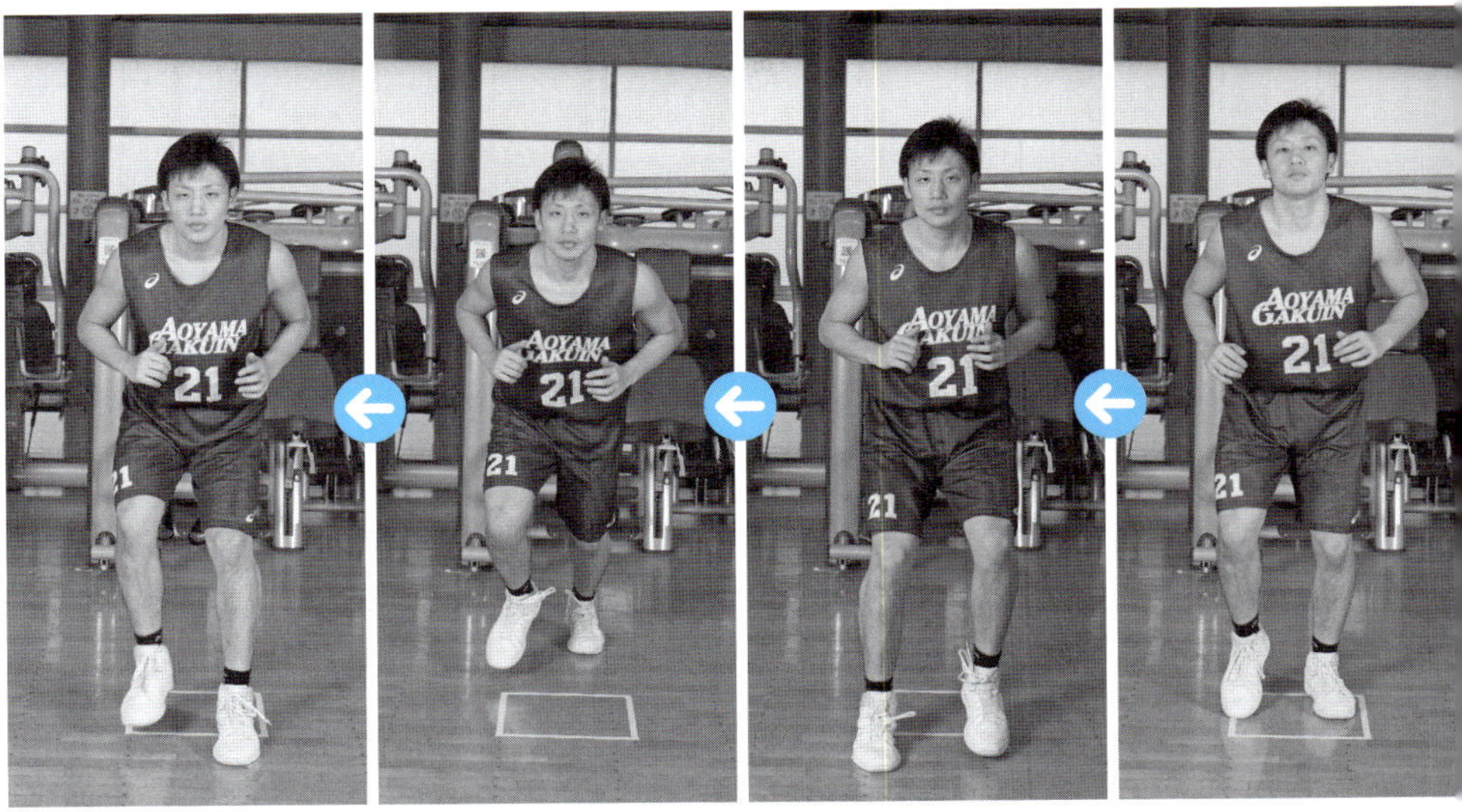

【パターン3】 前後にジャンプする

正方形の前で両足をそろえます。両足ジャンプで正方形を飛び超えて後ろに移動したら、すぐさま前に戻るというジャンプを繰り返してください。

【パターン4】左右にジャンプする

正方形の横で両足をそろえます。両足ジャンプで正方形を飛び超えて逆側に移動したら、すぐさま元に戻るというジャンプを繰り返してください。

【パターン5】両足ジャンプで周回する

正方形を正面にして立ち、両足ジャンプで斜め左前ー斜め右前ー斜め右後ろー斜め左後ろの順に移動し続けて、逆回りも行ってください。

【パターン6】片足ジャンプで周回する

正方形を正面にして片足（写真では右足）で立ち、片足ジャンプで斜め左前ー斜め右前ー斜め右後ろー斜め左後ろの順に移動し続けて逆回り、および逆足でも行ってください。

【パターン7】片足で前後にジャンプする

正方形を正面にして片足（写真では左足）で立ちます。片足ジャンプで正方形を飛び超えて前に移動したら、すぐさま後ろに戻るというジャンプを繰り返して、逆足でも行ってください。

【パターン8】ツイスティング

パワーポジションの姿勢から、膝とつま先を横（写真では左方向）に向けます。両足の母指球に体重をのせてスムーズに体を反転させ、逆の方向（写真では右方向）に膝とつま先を向けます。これはケガの予防にも相当するトレーニングです。

パワーポジションの姿勢が崩れないように注意しよう

【パターン9】片足のツイスティング

片足（写真では左足）立ちでパワーポジションの姿勢を意識します。片足立ちで膝とつま先を横（写真では左方向）に向けます。床に着いている足の母指球に体重をのせてスムーズに体を反転させ、逆の方向（写真では右方向）に膝とつま先を向ける動きを繰り返してください。

【パターン10】片足で左右にジャンプする

正方形の横で、片足（写真では右足）で立ちます。片足ジャンプで正方形を飛び超えて逆側に移動したら、すぐさま元に戻るというジャンプを繰り返し、逆足でも行ってください。

【パターン11】サイドキック

正方形を二つ使い、40センチのスクエア二つと１メートルの間隔、計180センチに幅を広げてサイドキックを行います。正方形の横で、片足（写真では右足）で立ちます。サイドキックで二つの正方形を飛び超えて逆側に移動したら、逆足で体を支えてそのままサイドキックを繰り返します。着地時間を短く、リバウンドジャンプを心掛けてください。

COLUMN

身長が伸びている時に持久力は高まる

年齢性別を問わず、インターバルトレーニングは大切ですが、特に身長が伸びている時期に持久力が高まるということはあまり知られていないようです。つまり小学校高学年から中学生年代に培われた運動量が将来の持久力を大きく左右すると言っても過言ではないのです。

持久力の指標として、体に取り込める酸素量を示す「最大酸素摂取量」が一般的に用いられます。その最大酸素摂取量が急激に増加するのが、身長が伸びている時期です。酸素をたくさん取り入れる運動をすると、胸郭を大きく成長させると言われています。というのも身長の伸びが止まってからは体重増加の傾向が強くなるため、持久力を高める難しさが出てくるのです。それだけに本書を手にした方々は早期にインターバルトレーニングを導入してください。

特に日本国内で長身とされるプレーヤーは、練習や試合で持久力を求められる機会が小さいプレーヤーに比べて乏しく、運動量が少ないまま成長期を終えるケースが多いようです。ところが、日本国内で長身プレーヤーとされていても、世界的に見ればビッグマンとは言えません。しかも世界の2メートル級のプレーヤーは筋肉量が多く、他のポジションと同じくらいの運動量なのです。

それだけに日本が世界と対峙するために、または長身プレーヤーがフォワードやガードといったポジションまでできるようになるためには、フィジカル強化とスプリント力のアップ、さらには持久力向上を同時進行で行う必要性があると言えます。

Chapter

7

ボールを使ってプレーに近づける

On The Court

廣瀬昌也ヘッドコーチが語る

フィジカルトレーニングがコート上のプレーに及ぼす効果——

この最終章ではコート上でバスケットボールを使った練習を中心に紹介します。ここで改めて本書で紹介したトレーニングが実際のプレーにどのような効果があるか整理しておきましょう。

フィジカルトレーニングを行う最大の目的は、相手とのコンタクトで負けないようにするため、というのはここまで述べてきたとおりです。ゴール方向にドリブルで進むドライブに持ち込んだ際、相手ディフェンスのプレッシャーを跳ねのけてシュートに持ち込む。また、ポストマンとしてゴール近くのエリアでポジションをとった際、相手ディフェンスとのコンタクトで当たり負ける

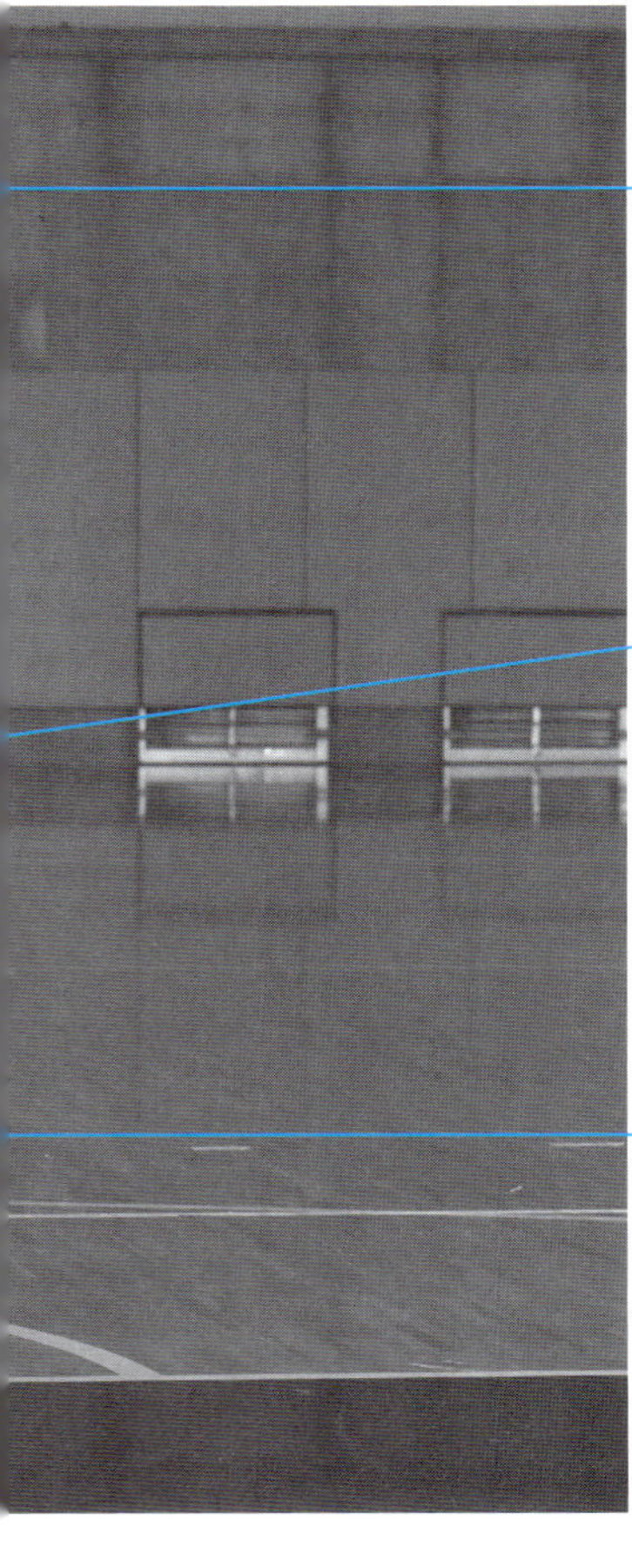

第7章の流れ

【オフェンス】

試合状況より高い負荷を設定した上で、シュートを決められるようにする。またドリブル練習ではコンタクトの状況を設定し、力強さを備えていく

【コンタクト】

第7章のドリルほとんどでコンタクトが含まれるが、コンタクトの攻防に特化したドリルも紹介する。パワーポジションをとり続ける技術、そしてコンタクトに「慣れる」ことも目的の一つだ

【ディフェンス】

パワーポジションを意識して強固なディフェンス力を備える。手も有効に使いながらファウルにならないようにコンタクトするテクニックも覚える

と押し出されてしまいます。ところがフィジカルトレーニングを通じて当たり負けない体を作っておくことで、シュートを決めやすいゴール近くのポジションを確保することができるのです。

ディフェンス面を強化する上でもフィジカルトレーニングは欠かせませんが、せっかく強い体を手にしているのに生かし切れないケースをよく目にします。ディフェンスリバウンド時、相手に体を当ててゴールに近づかせない「ボックスアウト」をさぼってしまう…。そうすると相手にジャンプされてリバウンドを奪われてしまいます。

またはボールマンやゴールに向かって走り込む相手に対して、体をぶつける「バンプ」をさぼってしまう…。するとパスが渡ってシュートを決められる危険性が高まります。そのようにならないためにも、フィジカルコンタクトをいとわない姿勢がとても大事なのです。

そのようなコンタクトをさぼらず、継続して行えることにより、相手は体力を消耗します。ボクシングにおいて小まめに繰り出すジャブやボディブローが試合終盤に効いてくるように、バスケットボールにおいてもフィジカルコンタクトが相手にダメージを与えることにつながることを覚えておきましょう。

【基本トレーニング】ラテラルステップ

パワーポジションを維持して横向きに移動する

1

2

3

1：1人（左）がパワーポジションをとり、パートナーが横から押す
2：パワーポジションの姿勢から、押してくる力を跳ね返すように、リードフット（写真では左足）を上げる
3：パワーポジションが崩れないように、ラテラルステップを踏む
4：押してくる力に負けないようにパワーポジションをとり続ける
5：ベースラインからセンターラインまで移動したら、逆側も行う

すぐに動き出せ、しかも自分の力を発揮しやすい姿勢「パワーポジション」をとり続けることは攻防に渡って大事なことです。実際のゲームでは止まった状態でその姿勢をとり続けるだけでなく、動きながらでも継続しながら行えなければなりません。しかも体力の消耗が激しい中でも、体勢が崩れないようにトレーニングしておく必要があるのです。

そこでパートナーに横から押してもらい、その負荷に耐えながら中心軸を保ち横向きの状態で移動する「ラテラルステップ」を踏んでみましょう。最初から最大限の負荷を与えてしまうと、パワーポジションが崩れた状態でステップを踏むことになりがちです。それだとトレーニング効果が薄れてしまうので、どうにか頑張ればパワーポジションを維持できるくらいの負荷からスタートしてみてください。

そうして少しずつ負荷を高めて、押す力を強くしていき、それに耐えながらラテラルステップを踏めるようにトレーニングを進めていきましょう。

パワーポジションが崩れると、次の動作にスムーズに移行できなくなってしまう

【オフェンス①】キャッチ&270度ピボット

逆側に体を向けてパスする

ゴールを見ながらしっかりと止まってミートする

中央のプレーヤーはターゲットハンドを出してパスを受ける体勢をとる

軸足（写真では右足）に重心をのせて、左足を踏み込んでいく

パワーポジションの姿勢をとる

パートナーの2人が両サイドに広がり、中央のプレーヤーにパスを出す

パスを受けるプレーヤーは、ボールに体を向けてパスを受けた後、別の方向に向いてプレーをすることがほとんどです。ゴールに向かってシュートを

パワーポジションの姿勢を維持する

踏み込んだ左足を戻しながらリバースターンを踏む

逆サイドにいるパートナーのほうに体を向ける

膝とつま先をレシーバーの方向に向けてパスを出す

打ったり、ドリブルで向かう。またはボールが来たのとは逆側に体を向けてパスする必要があるかもしれません。そういうシーンでディフェンスにボールを奪われないように踏むステップワークは「ピボット」と呼ばれています。

次のプレーに移行する上で欠かせないスキルですが、このピボットを行う時に負傷するケースがよくあります。上半身の動きと下半身の動きが連動していないのです。つまり膝やつま先が上半身とは違う方向に向いてしまい、過度の負荷が下半身にかかってしまうわけです。そこでつま先と膝を常に同じ方向に向けることがケガ予防となります。このように270度ターンをすることでケガ予防に加え、コーディネーショントレーニングにもなります。

【オフェンス②】ピボットタッチ

つま先と膝を同じ方向に

パートナーの2人が3 ～ 5メートル離れて立ち、中央のプレーヤーが軸足（写真では左足）に重心をのせてフロントターンを行う

膝とつま先を同じ方向に向け、踏み込んだ右足とは逆の手（写真では左手）でパートナーにタッチする

バスケットボールにおいては膝や足首の負傷が多く起こります。それだけに１６６ページのようなパス練習を通じてピボットに着目し、膝とつま先を同じ方向に向ける意識を強めることが大切です。

しかしながら、ボールを使った練習だとどうしても強いパスが出せているか、というプレーの結果に意識が向いてしまいがちなので、ボールを使わない「ピボットタッチ」という練習も取り入れてみてはどうでしょうか。

パートナーの2人が3～5メートル離れて立ち、中央のプレーヤーが軸足に重心をのせた状態でフロント（前向きになる）ターンとリバース（後ろ向きになる）ターンを繰り返してタッチする動作を繰り返します。

その中でパワーポジションの姿勢をとりながら膝とつま先を同じ方向に向けるように意識して行ってみてください。

また、１５８ページで紹介した「ツイスティング」も同じ目的が含まれているメニューなので、並行して取り入れましょう。

踏み込んだ右足を戻すようにしてリバースターンのステップを踏む

逆側のパートナーに膝とつま先を同時に向ける

パワーポジションの姿勢を維持して、踏み込んだ右足とは逆の手（写真では左手）でタッチする

＼NG／

膝とつま先が違う方向に向くと、パワーポジションの姿勢が崩れるとともに、負傷につながりやすい

【オフェンス②】1回転シュート

軸をしっかりと作ってシュート

【パターン1】 時計回りで体を一回転

一度ドリブルをつく

片足（写真では左足）を前に踏み込む

【パターン2】 時計の逆回りで体を一回転

1：パートナーがパスを出す
2：パスのタイミングに合わせて走り込む
3：パスを受けてステップを踏む
4：片足（写真では右足）を前に踏み込み回転軸を作る
5：時計の逆回りで回転していく
6：ゴールの位置を確認して狙いを定める
7：ボディバランスを崩さずにシュートを決める

運動能力を高めるドリルは「コーディネーションドリル」と呼ばれていて、例えば次のような能力が含まれます。

・素早く反応する能力
・バランスを安定させる能力
・相手に適応する能力
・いくつかの技術を同時に行う能力
・力の強弱を調整する能力
・位置関係を把握する能力
・リズムをつかむ能力

そうした能力を高めてくれるのが「1回転シュート」です。一度ドリブルをつくかパスを受けてから、軸をしっかりと作ってシュートを決める練習です。

大事なポイントは前に足を踏み込み、床からの反力を上方向に転換させて回転不足にならないようにジャンプすることです。

空中でボディバランスが崩れないように注意して、パターン

左足を回転軸にしながら床からの反力を生かしてジャンプする

スムーズに回転しながらゴールの位置を確認する

ボディバランスが崩れないように狙いを定める

シュートを決める

1～5にトライしてみましょう。練習方法としては**【パターン1】**のようにドリブルから行う他に、**【パターン2】**のようにパスを受けてからシュートに持ち込む方法もあります。

【パターン3】 ボールと体を時計と逆回りさせる

体も時計と逆回りさせていく

ボールを時計と逆回りさせていく

一度ドリブルをつく

【パターン4】 ボールは時計回り、体は時計と逆回りさせる

体は時計と逆回りさせていく

ボールを時計回りで動かしていく

一度ドリブルをつく

【パターン5】 ボールは時計と逆回り、体は時計回りさせる

体を時計回りで動かしていく

ボールを時計と逆回りさせていく

一度ドリブルをつく

確実にシュートを決める

ゴールの位置を把握する

バランスが崩れないように
着地する

確実にシュートを決める

ゴールの位置を確認する

確実にシュートを決める

ゴールの位置を確認する

【オフェンス③】サイドキックシュート

下半身に負荷がかかってもフォームを崩さない

5回サイドキックを行う

パートナーがパスを出す

パスを受ける

パワーポジションの姿勢をとる

バランスを意識してジャンプシュートに持ち込む

　膝や足首、そして股関節を強化するとともにバランス力アップにつながるトレーニングがサイドキックです。床を強く蹴って真横に大きく移動し、逆の足で着地するとともに自分の体を支えて、バランスをとります。これを5回繰り返してから、しっかりミートレシーブしてシュートを打ってみましょう。

　実際のゲームでは相手ディフェンスのマークを振り切るために急激なターンを行う必要があり、下半身にかなりの負担がかかった状態でシュートを打つことを余儀なくされます。それでも自分のシュートフォームが崩れないような体力を備える必要があります。

　同時にこのような練習がそのままフィジカルトレーニングに相当し、より強固な下半身を手にすることができるわけです。

サイドキックのフォームを確認

Side View　　Front View

パワーポジションの姿勢を意識して横にジャンプします。着地時に屈伸動作をすると、次の動作にスムーズに移行できないので、リバウンドジャンプ（131ページ）を心掛けて伸張反射を生かして逆側に戻ってください。

着地時に屈伸動作をする「カウンタームーブ」になると、次の動作が遅くなってしまう

着地時に屈伸動作をする「カウンタームーブ」にならないように注意してください（NG写真）。

【オフェンス④】アタックドリル

ボディバランスを崩さずにゴールへ向かう

【パターン1】ストレート

攻撃側は確率の高いシュートに持ち込むために、ボールをゴールへと近づけたいところです。ドリブルでゴールに向かう「ドライブイン」によるアタックがその代表格です。

対するディフェンスは、攻撃側にそうさせまいとボールマンとゴールとを結んだ架空のライン「ゴールライン」を封じてきます。そうしてゴールに向かおうとするボールマンと、それを阻止しようとするディフェンスとの間にコンタクトが生じるのです。

そこでボールマンがディフェンスにコンタクトされても、ボディバランスを崩さずに確率の高いシュートに持ち込むトレーニング「アタックドリル」を紹介

1：3人のパートナーがダミーバッグを持って構え、逆サイドからパスを受けてスタートする
2：しっかりボールミートする
3：パワーポジションでコンタクトしてドライブする
4：直線的にゴールへとドリブルで進む
5：ダミーバッグで押されてもバランスを崩さない
6：ジャンプ（両足）ストップでパワーレイアップに持ち込む
7：コンタクトされてもバランスを維持してシュートを決める

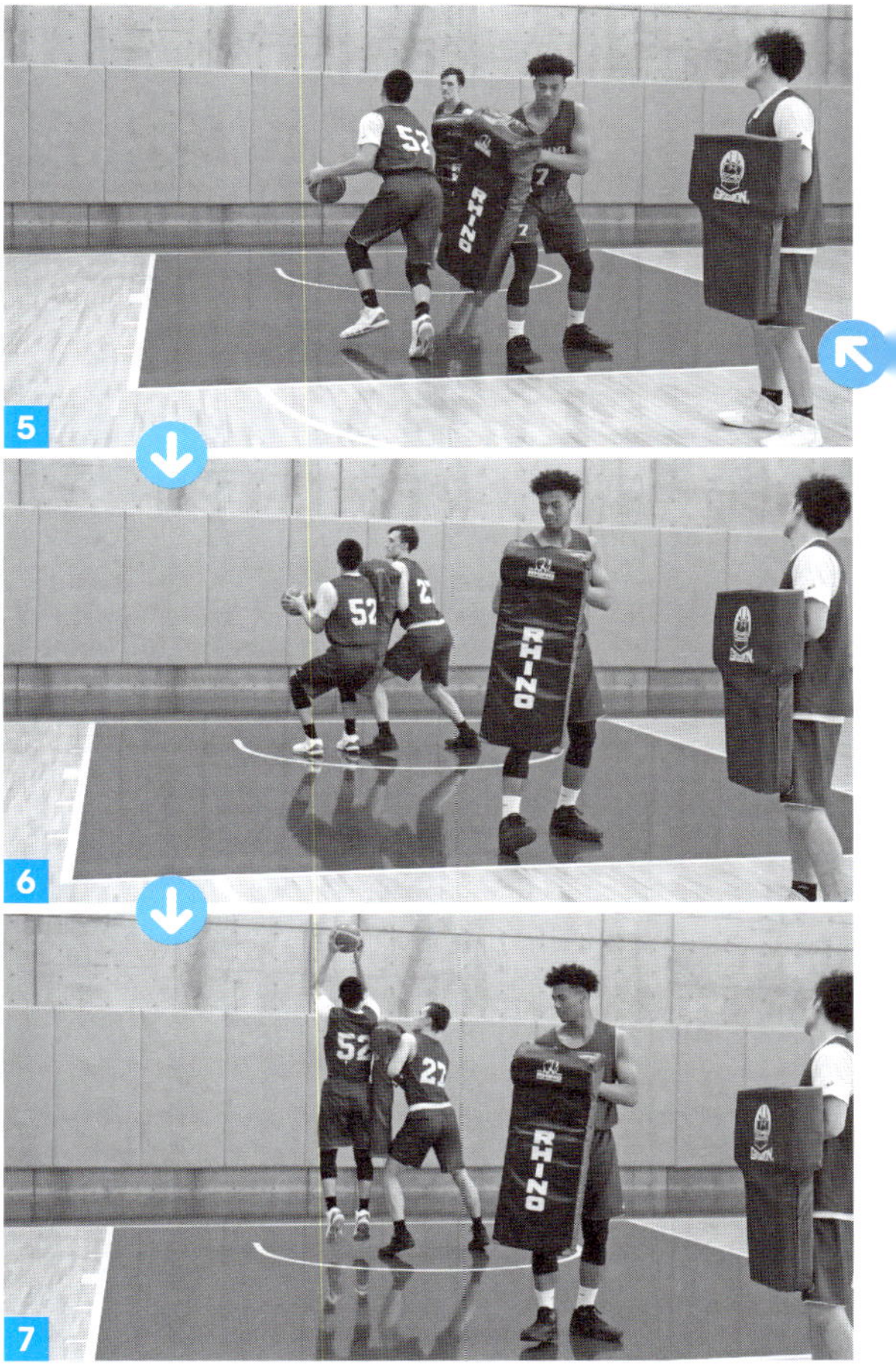

\ NG /

当たり負けて膨らんでしまうと、時間がかかり、シュートを決めるのが難しくなってしまう

します。

トレーニングを行うプレーヤーはボールを持ってミートし、ダミー（コンタクト用の練習器具）とコンタクトしてパワーポジションを維持します。そうしてボディバランスを崩さずにパワーレイアップシュートに持ち込みましょう。

ポイントは下半身でコンタクトする意識を持つことです。下半身を中心に全体を面体にすることによりパワーポジションを維持でき、自分の力を発揮しやすくなります。肩で当たると、パワーポジションが崩れてしまいます。ここではトレーニング要素を強調したいのでファウルを恐れず、コンタクトしてください。

【パターン2】
クロスオーバー

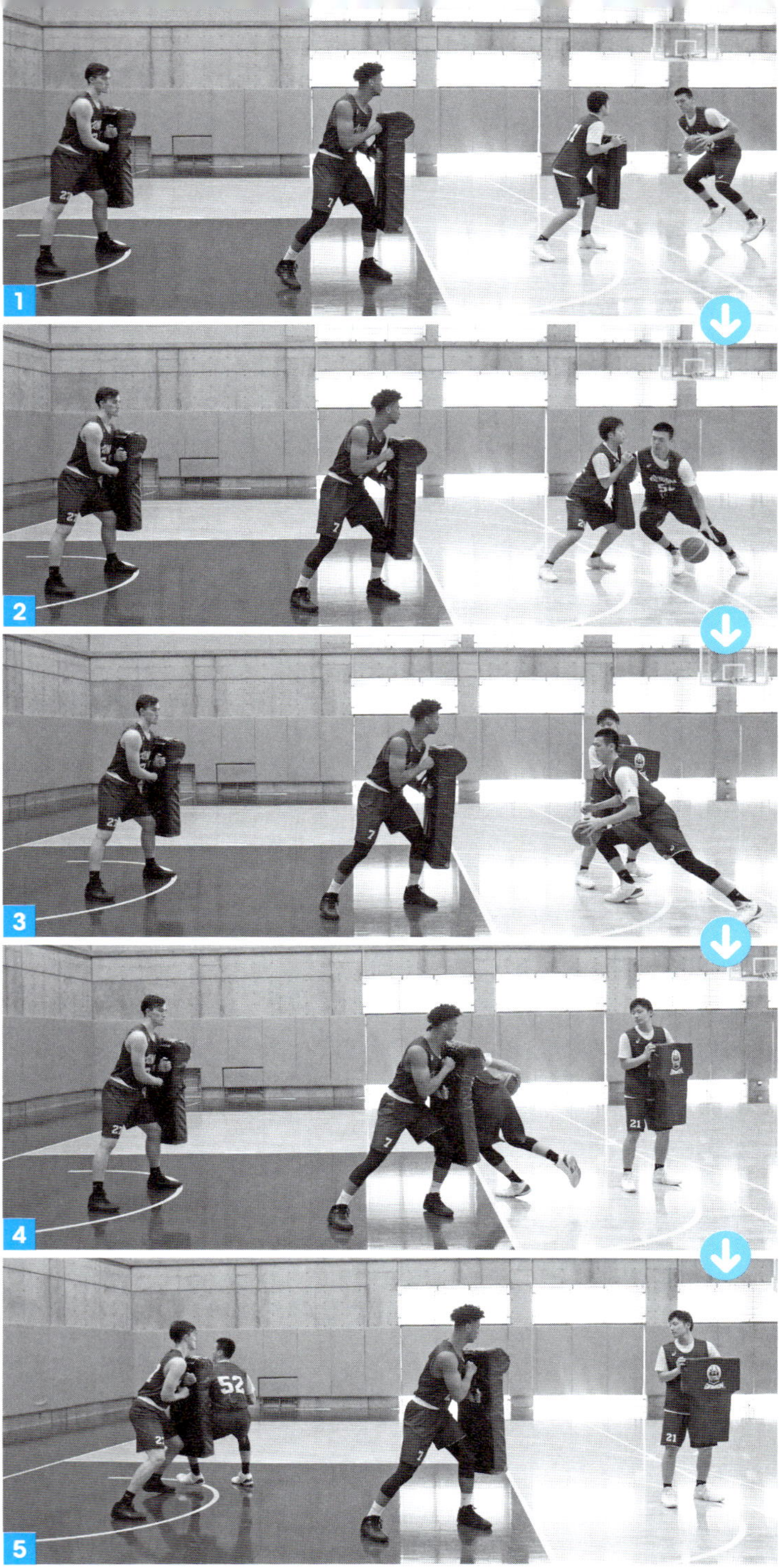

1：（176ページと同様に）パスを受けて、1人目のダミーと対峙する
2：コンタクトした後、バランスを維持して次のプレーへとスムーズに移行する
3：2人目のダミーの位置を把握し、プレーを判断し、2人目のダミーをクロスオーバードリブルでかわす
4：コンタクトされてもバランスを崩さない
5：バランスを維持してシュートを決める

二つのシュートを使い分ける

ゴール下でシュートを打つ際には、ディフェンスが体を寄せて、ファウルすれすれの対応をしてきます。それに対して上の連続写真では、ジャンプする前に体を当ててポジションを確保しています。一方、下の連続写真では体を当てながらジャンプして、シュートに持ち込んでいます。ディフェンスの対応によって、これらをうまく使い分けることが大切です。

【体を当ててからジャンプ】

【体を当てながらジャンプ】

【パターン3】ギャロップステップ

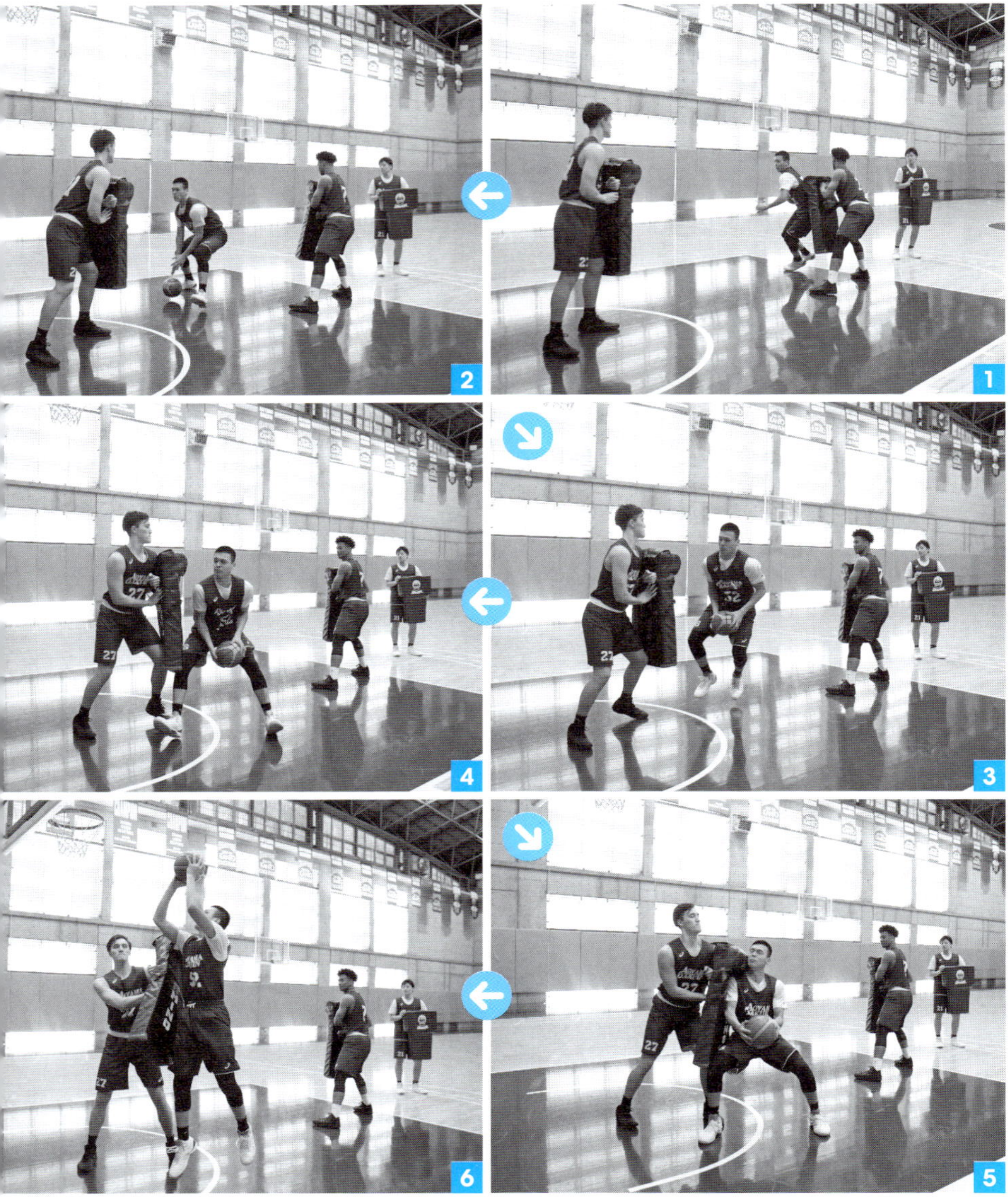

1：（178ページで紹介した）クロスオーバードリブルで2人目のダミーをかわしたシーン
2：ボールを強くつきながら体を弾ませて大きく移動する
3：空中でボールをキャッチする
4：ジャンプストップ（両足着地）でパワーポジションをとる
5：3人目のダミーとコンタクトする
6：コンタクトしながらでもシュートを決める

【パターン4】リバースステップ

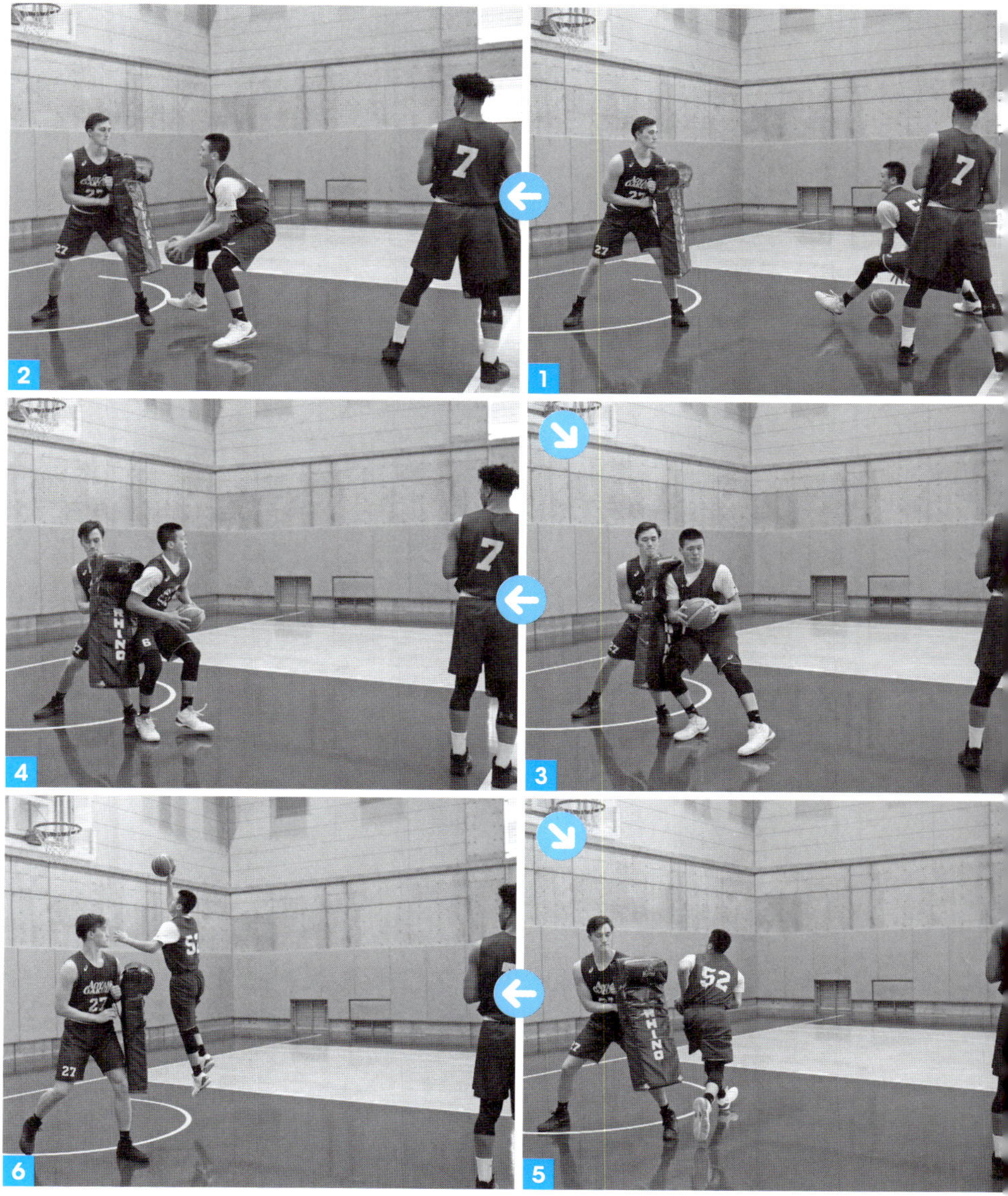

1：クロスオーバードリブルで2人目のダミーをかわしたシーン
2：3人目のダミーの位置を把握して、次のプレーを判断する
3：3人目のディフェンスとコンタクトする
4：リバースステップでダミーの背後をつく
5：ゴール方向に強く踏み切る
6：コンタクトしてくる相手をいなしてシュートを決める

【フロント】

【オフェンス⑤】ボードアタックジャンプ（1人）

爆発的な力を発揮する

1：ボールを持ってバックボード方向にジャンプ、またはボールでタッチする
2：パワーポジションの姿勢をとる
3：足を踏み出しながら、ボールをついて移動する
4：逆側でも同様にバックボード方向にジャンプ、またはボールでタッチする
5：パワーポジションの姿勢から足を踏み出し、パワードリブルをつく
6：5回バックボード方向にジャンプ、またはボールでタッチしてからシュートを決める

ゴール下でパワーポジションの姿勢を意識し、爆発的な力を発揮できるようにする「ボードアタックジャンプ」を紹介しましょう。バックボートサイドの下でボールを持ち、パワーポジションの姿勢をとります。

ボールを持ったままバックボードにジャンプしてタッチしそのまま着地。再度パワーポジションの姿勢をとってから、パワー（両手の）ドリブルで逆側に移動します。その際に肩からではなく、下半身から入っていくことがポイントです。

バックボードにボールが届く場合は、左右5回タッチしてからシュートに持ち込みます。体を前向きの状態で行ったら、ゴールに対してリバースターンも練習しましょう。

【リバースターン】

1：バックボード方向にジャンプ、またはボールでタッチする
2：パワーポジションの姿勢をとる
3：リバースターンを踏みながらパワードリブルをついて移動する。このとき足から入っていくことを意識する
4：逆側でもバックボード方向にジャンプ、またはボールでタッチする
5：再びリバースターンを踏む流れを5回行ったらシュートを決める

【オフェンス⑥】ボードアタックジャンプ（ダミー）

下半身から入ってコンタクトする

【フロント】

1：ゴールを正面にして、ダミーに対して足（写真では右足）から入っていく
2：パワードリブルをつく
3：コンタクトしてもバランスを崩さない
4：ボールを持ってバックボード方向にジャンプ、またはボールタッチする
5：逆側でも同様にパワーポジションの姿勢で足から踏み入れることを意識してコンタクトする。このときバランスを崩さない
6：左右5回バックボード方向にジャンプ、またはボールタッチしてからシュートを決める

182ページで紹介したボードアタックジャンプを、今度はダミーを付けて行います。実際にコンタクトの状況を設定することによって、パワーポジションの姿勢で下半身から入ってコンタクトすることで、ゴール下のポジションを確保しやすいことが実感できるはずです。

バックボードにボールが届く場合は、5回叩いてからシュートに持ち込み、届かなければジャンプしてそのまま着地して同様に行いましょう。体を前向きの状態で行ったら、ゴールに対して後ろ向きのターンでも全力でダミーアタックしてください。

【リバースターン】

1：バックボード方向にジャンプ、またはボールタッチする
2：ゴールを背にした状態でダミーとコンタクトする
3：パワードリブルをつきながらターンする
4：バランスを崩さない
5：左右5回バックボード方向にジャンプ、またはボールタッチしてからシュートを決める

【オフェンス⑦】ドリブルコンタクト

相手に押されてもボールを失わない

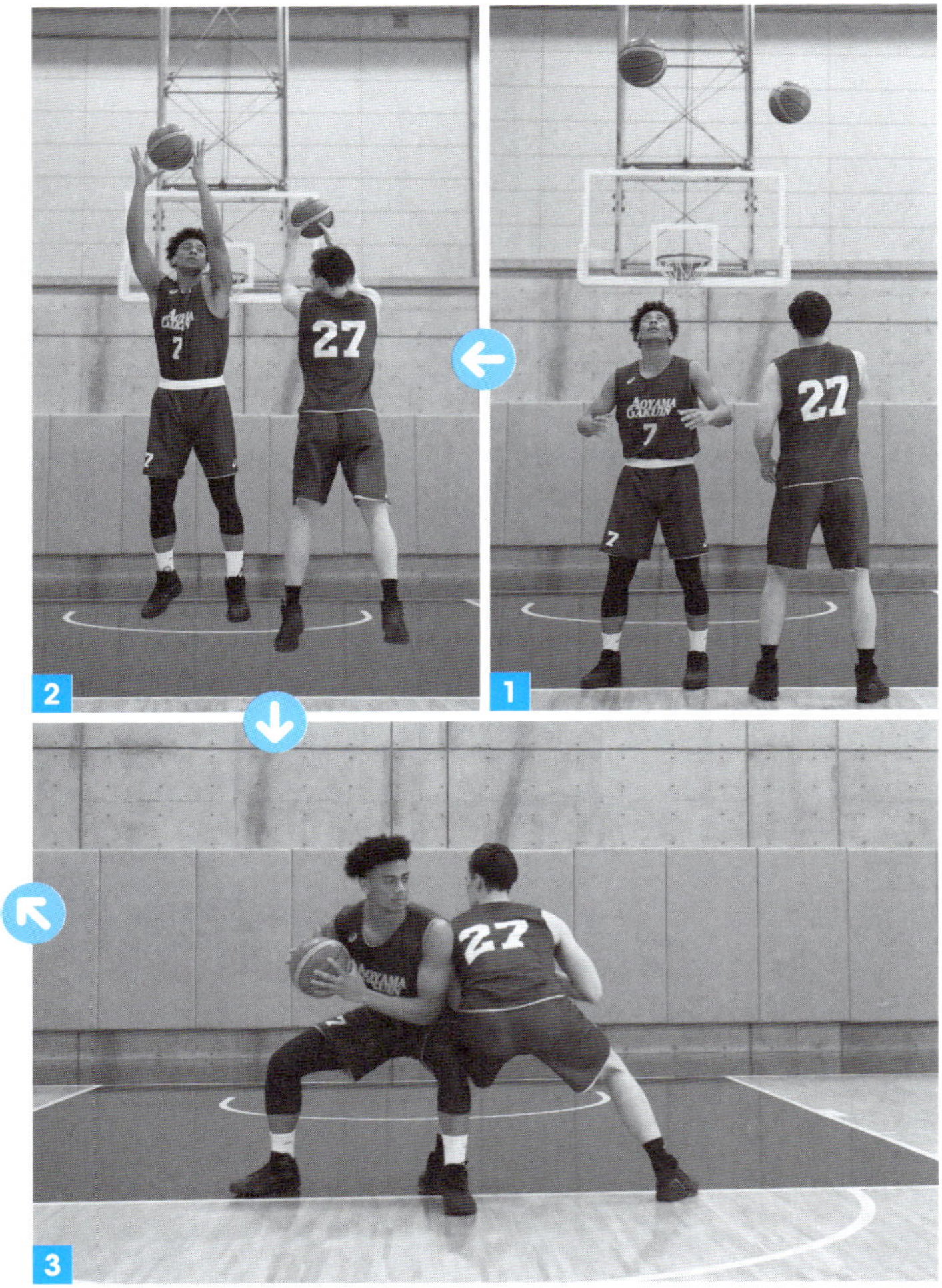

ゲームでドリブルを使うシーンでは、ディフェンスがファウルぎりぎりのプレッシャーをかけてくる場合があります。そうしてコンタクトしてくる相手にバランスを崩されると、ボールを失ってしまう危険性が高まります。ゲームでそうならないように、練習でゲームを想定したドリブルの練習をしておくことが必要です。

2人がそれぞれボールを持ち、一度頭上に上げたボールを強く引いた際、パワーポジションの姿勢からアタック動作を一連で行います。お互いに下半身を面体にし、主に大殿筋で押し合いながらバランスを崩さず、ボールを失わないようにしてください。サークル

NG

上半身で押すと、ファウルをとられるので注意しよう

1：2人がそれぞれボールを持ち、頭上に上げる
2：リバウンドをイメージしてキャッチする
3：パワーポジションの姿勢をとる
4：1～3を一連の動作で行い、ドリブルをつきながらコンタクトして押し合う
5：20秒間継続したり、サークルから相手を押し出したら勝ちとする

の中で押し合い、外に出されないように勝負したり、20秒間コンタクトし続けてインターバルをとってもOKです。

実際のゲームでも下半身でコンタクトする意識を持つことが大事です。下半身を接点にすることによりパワーポジションを維持でき、自分の力を発揮しやすくなります。

ところが肩を出したり、上半身を接点にして相手とコンタクトしようとすると、パワーポジションが崩れてしまいます。ただしこれはトレーニングなのでファウルを恐れず、コンタクトしてください。

【コンタクト①】ぶつかりながらシール

ポジションを奪い合う

1

2

3

1：2人がパワーポジションをとる
2：1人（写真では右）が足から前に入って、下半身をコンタクトさせる
3：面取りをして（相手の前にポジションをとって）、パワーポジションで構える
4：前にポジションをとられたプレーヤー（左）が足を前に出していく
5：下半身をコンタクトさせてパワーポジションをとる
6：この流れを一定時間繰り返す

トレーニングを通じて備えた力強さをゲームで生かせるように、実際にパートナーとゴール下でコンタクトしながらポジションを奪い合う練習です。オフェンスとしてはゴール下のポジション取りで勝つことでパスを受けられ、確率の高いシュートに持ち込むことができます。逆にディフェンスとしてはゴールから押し出すようなコンタクトを行う必要があります。

コンタクトする瞬間、肩からぶつかると相手にいなされてしまうので、足から入って、下半身の面で当たりながらパワーポジションを維持するのがポイントです。

NG

肩からぶつかると相手にいなされてしまったり、ファウルをとられてしまう

【コンタクト②】クリスクロスバンプ

反転動作からコンタクトする

NG

肩からぶつかると相手にいなされたり、ファウルとなるので注意しよう

1：3人がパワーポジションの姿勢をとり、中央のBが背を向ける
2：AとBが下半身、主に大殿筋の面でコンタクトする
3：コンタクトしたAが今度は背を向けて、Cにアプローチする
4：AとCが下半身、主に大殿筋の面でコンタクトする
5：コンタクトしたCが今度は背を向けて、Bにアプローチする
6：CとBが下半身、主に大殿筋の面でコンタクトする

3人1組で行うコンタクトのドリルで「3人クリスクロス」と呼ばれています。まず2人がコンタクトして、そのうちの1人が体を反転させながら3人目とコンタクトします。

このドリルのポイントは、足から入ってパワーポジションをとり、下半身の面でコンタクトすることです。(NG写真のように)肩からぶつかると相手にいなされたり、ファウルとなるので気を付けてください。1人5回、トータル15回を3〜4セット行ってみましょう。

このようなコンタクトのシーンで大切なのは当たり負けない強さに加え、相手との駆け引きや、相手に絶対に負けないというメンタルの強さも大きく関わってくるところです。奥の深いコンタクトプレーを理解し、そしてコンタクトに慣れるという意味でもこのような練習を大事にしましょう。

【ディフェンス①】アームバー

ボールマンの力を吸収する

1：ドリブルで進むボールマンの動きを、ディフェンスがアームバーを出して腰の位置で食い止める
2：ボールマンに押されても、アームバーを降ろさず、両足を下げて間合いをコントロールする
3：ボールマンの動きから目を離さず、対応していく
4：方向転換を図るボールマンに対して、ディフェンスはアームバーの手を替えて対処する
5：アームバーを使って、一定の間合いを保ち続けて、センターラインまで達したら攻防を交代する

ゴールに近づこうとするボールマンに対してディフェンスは、その動きを食い止める必要があります。相手のボールをスティールすることが理想ですが、そうしたギャンブルをすると、パワーポジションが崩れるだけに相手にいなされて、ドリブルで難なく抜かれる一因となってしまいます。そこで覚えてほしいのが「アームバー」という腕の使い方です。

写真を見てください。ディフェンスはボールのないほうの腕を曲げて、ボールマンとコンタクトしています。こうすることで押してくるボールマンの力を腰の位置で吸収しながら間合いをコントロールして対処しているのです。言い換え

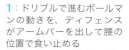

ディフェンスの動きを確認

たとえボールマンが押してきてもディフェンスはアームバーを出してパワーポジションを維持し、両足同時に下げながら相手との間合いをコントロールしてください。

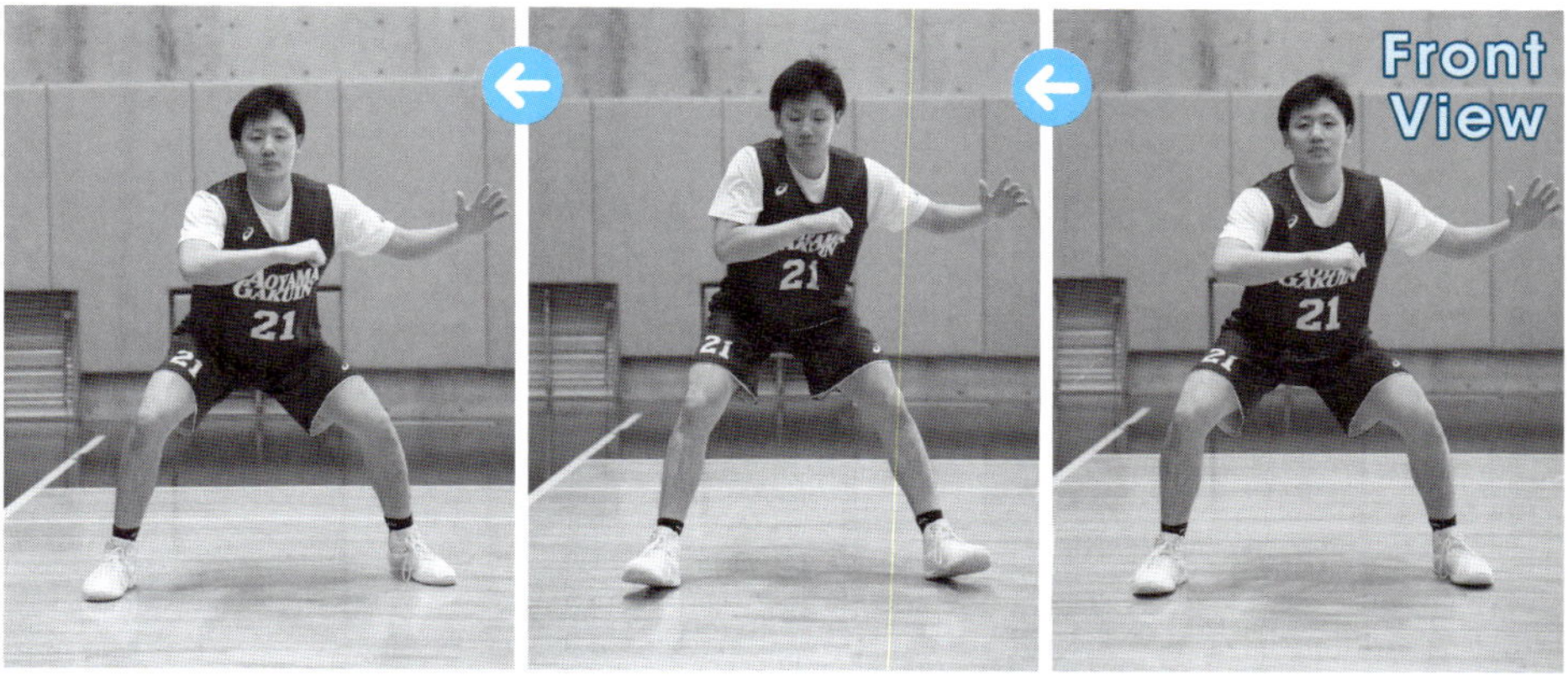

アームバーとして出していた腕が伸びてしまうと、パワーポジションが崩れるばかりか、ファウルをとられてしまう

ると、ディフェンスがパワーポジションを維持した状態で相手に時間を使わせている格好とも言えます。

ちなみにボール側の手は「トレースハンド」と呼ばれていて、ボールマンがドリブルの方向転換を図ったら、ディフェンスはアームバーとトレースハンドを左右入れ替えてください。

【ディフェンス②】ハンズアップ

両手を上げて足で押し出す

1

2

3

NG

ディフェンスの体が前傾するとパワーポジションが崩れてしまうばかりか、ファウルをとられてしまう

1：ドリブルで押してくるボールマンに対してディフェンスは、両手を上げながら片足（写真では右足）を相手の両足の間に入れる
2：ディフェンスは足を入れたまま、パワーポジションを崩さない
3：肩甲骨を付けながら胸郭を開いて（胸を張って）、ボールマンを押し出す
4：ボールマンが方向転換を図る
5：足を替えて逆足（写真では左足）を相手の両足の間に入れて押し出す
6：ファウルに注意して対処し、ボールマンに押し込まれないようにディフェンスする

ボールマンにシュートを打たれる危険性が高い状況でディフェンスは、両手をしっかりと上げて対処する必要があります。このディフェンス技術を「ハンズアップ」と言います。

　両手を上げるとともに上体が伸びてしまいがちですが、そうするとボールマンにドリブルで抜かれてしまうので、パワーポジションをとり続けることが重要です。

　192ページで紹介したアームバーがないだけにボールマンとの間合いのコントロールが難しくなります。そこで上手に使ってほしいのが足です。パワーポジションをとりつつも、片足をボールマンの両足の間に入れて、相手に押し込まれないように対処してください。

　さらにボールマンがドリブルの方向転換を図ったら、両足の間に入れる足を左右替えて対応しましょう。

4

5

6

Training Machine

【マシーン①】スクワット

スクワットの精度を高める

最後に私たちが普段用いているトレーニングマシーンを紹介します。このマシーンがなくても、本書で紹介したトレーニングで補えますのであわせて振り返っていきましょう。

NG

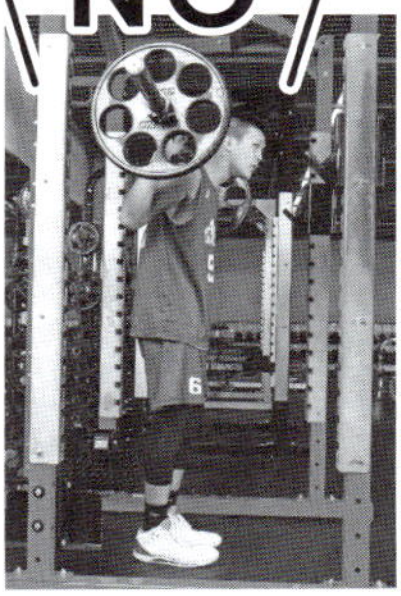

前かがみになると、胸郭が開かず、パワーが発揮されない

SideView　Front View

ラックにのせたバーベルを肩にかつぎ、一定回数を行ったら、元の高さのラックに戻す

パワーポジションを確立する上で最重要のトレーニングであるスクワットを高重量で行う場合には「パワーラック」を使用します。バーベルの重さを少しずつ重くしていくだけでなく、バーベルを置く高さも調節できるため、床から持ち上げる際にかかる負担を軽減できます。

最初はワイド（広い）スタンスでもOKですが、少しずつスタンスを狭めても行えるようになってください。太ももが床と平行になる深さまで3秒で降ろして2秒で上げる動作を10回×3～5セット行います。

Training Machine

【マシーン②】チンニング

広背筋を鍛える

Side View

Back View

肩甲骨を付けることを意識し、腰をそらさず、肘が90度になるまで体を上げていく

パワーラックを使った「チンニング」で広背筋を鍛えることができます。胸を張り、肩甲骨を寄せることを意識し、あごが手と同じ高さになるまで体を上げていきます。

その時に腰をそらさないように注意して行ってください。最初は補助を付けてサポートしてもらってもOKです。10回×3〜5セットを目安に行いましょう。

体が上がらない場合は補助を付けて行ってもOKだ

【マシーン③】ラットプルダウン

上から引いて広背筋を鍛える

【バック】

バーを顔の後ろに引いてくる

【フロント】

バーを顔の前に引いてくる

197ページの懸垂のように「広背筋」を強化するマシーンの一つが「ラットプルダウン」です。

肩甲骨を付けるようにしながら胸郭を広げて（胸を張って）バーを引いてくるのがポイントで、バーを顔の前に引いてくる**【フロント】**と、後ろに引いてくる**【バック】**の2種類あります。

これらを行うことで広範囲の広背筋を鍛えられますが、上腕に力を入れたり、肘からバーを引かないように注意してください。2秒で引いて3秒で戻す動きを10回×3〜5セット行います。

【マシーン④】プーリー

下から引いて背中を鍛える

198ページの「ラットプルダウン」は肩甲骨を付けながら、上にあるバーを引いてきましたが、このプーリーは下にあるハンドルを体に引き寄せていきます。ポイントとなるのは引っ張る際に体幹をしめるようにして行うことです。ハンドルを戻す際にも力を抜き切らず、ゆっくりと戻します。2秒で引いて3秒で戻す動きを10回×3～5セット行います。

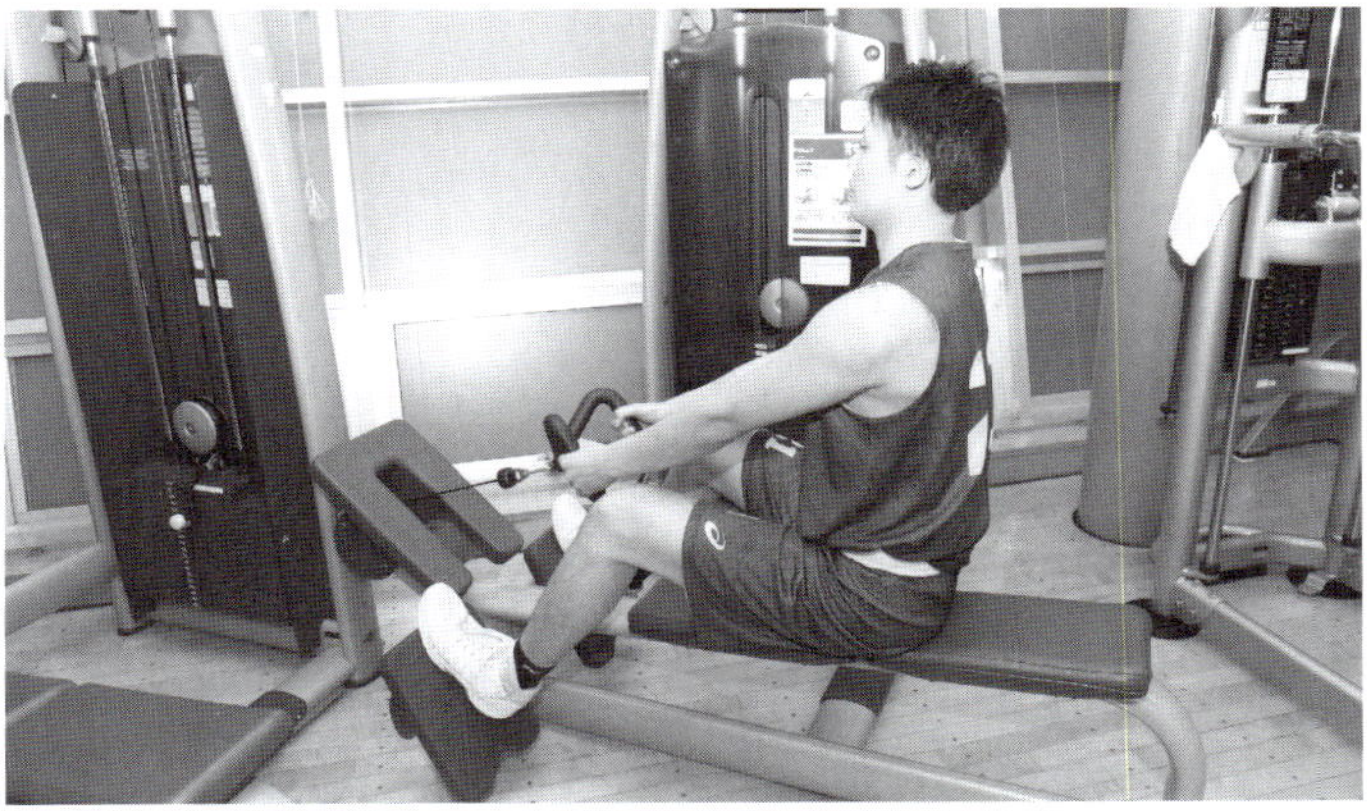
ハンドルを両手でつかむ

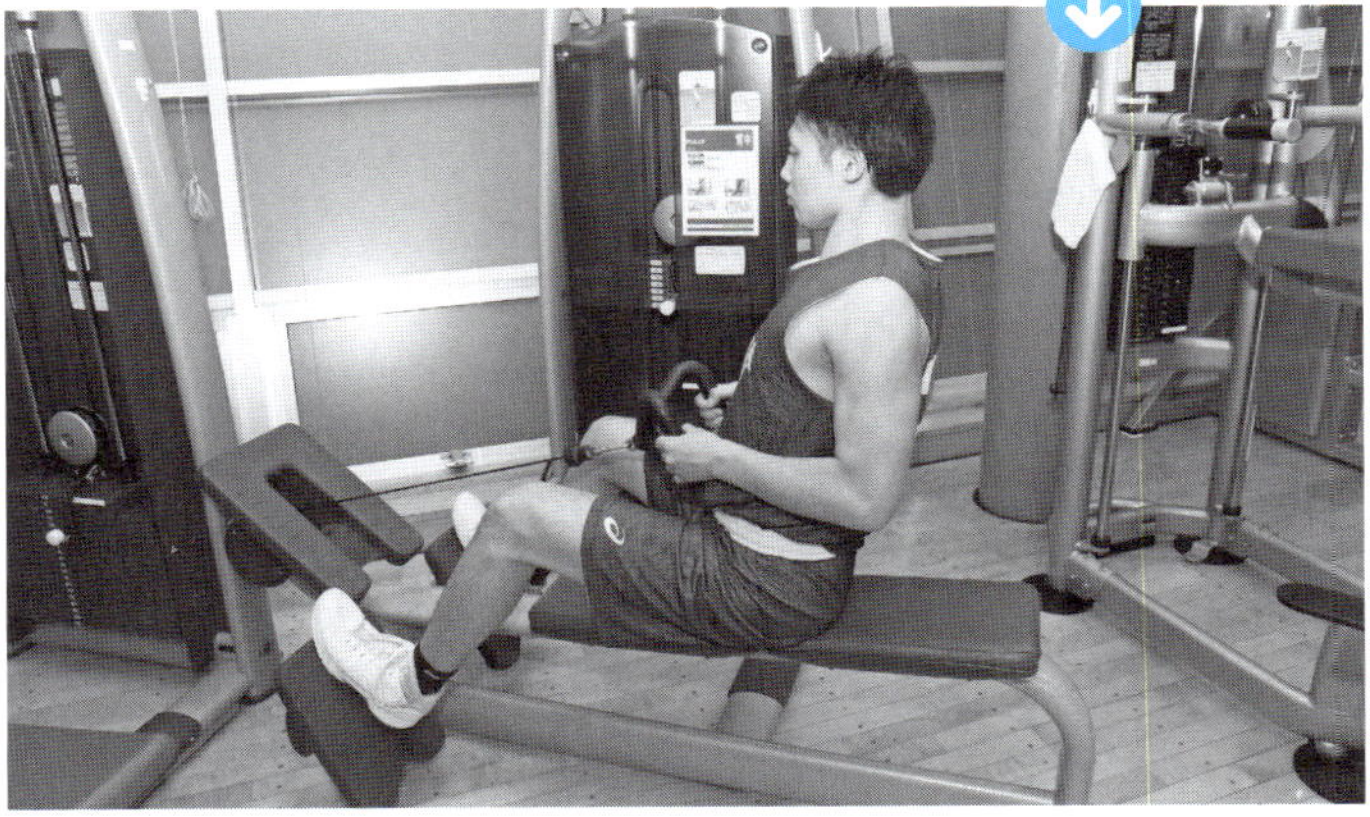
肩甲骨をつけながら引っ張る

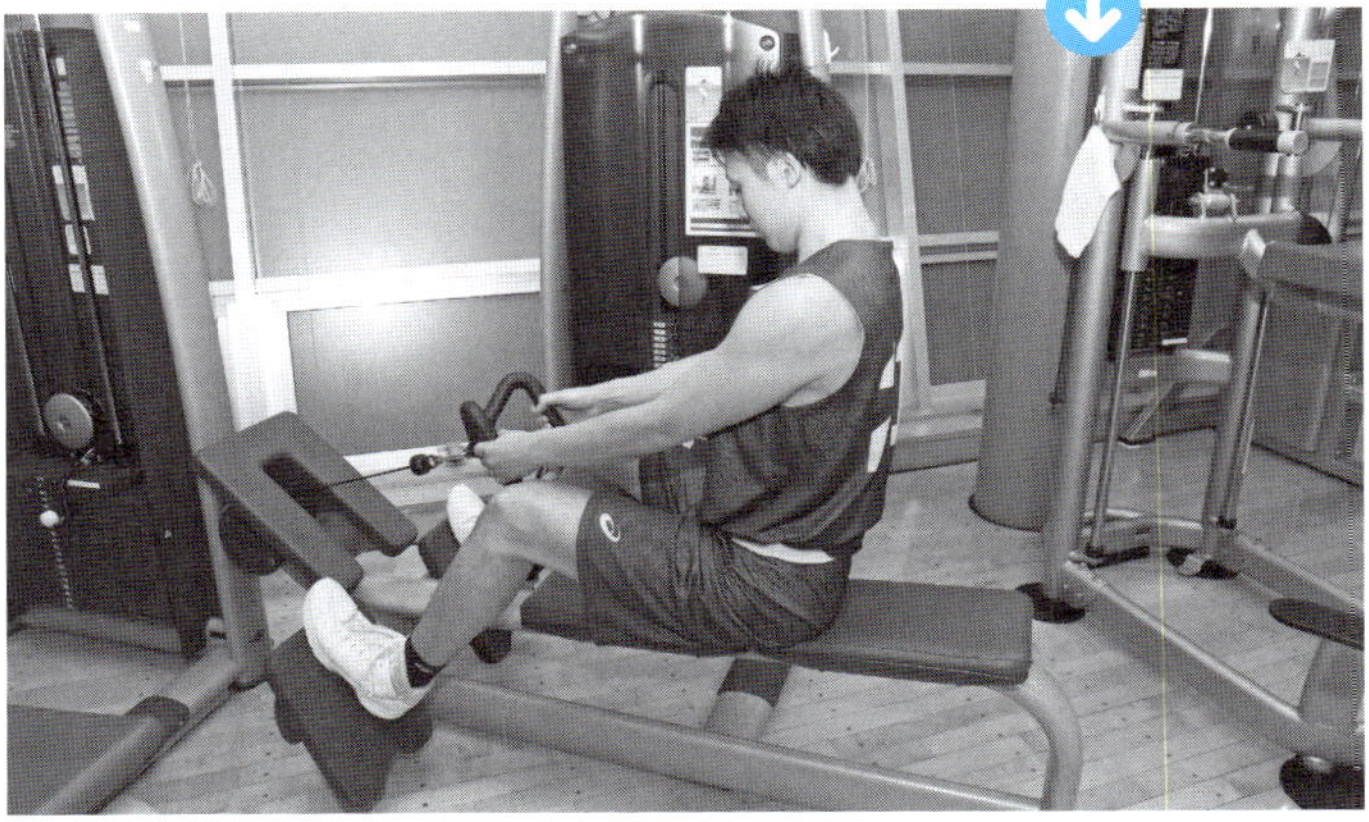
ゆっくりと戻す

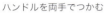

【マシーン⑤】レッグカール

ハムストリングスを強化する

【片足&両足のパターン】

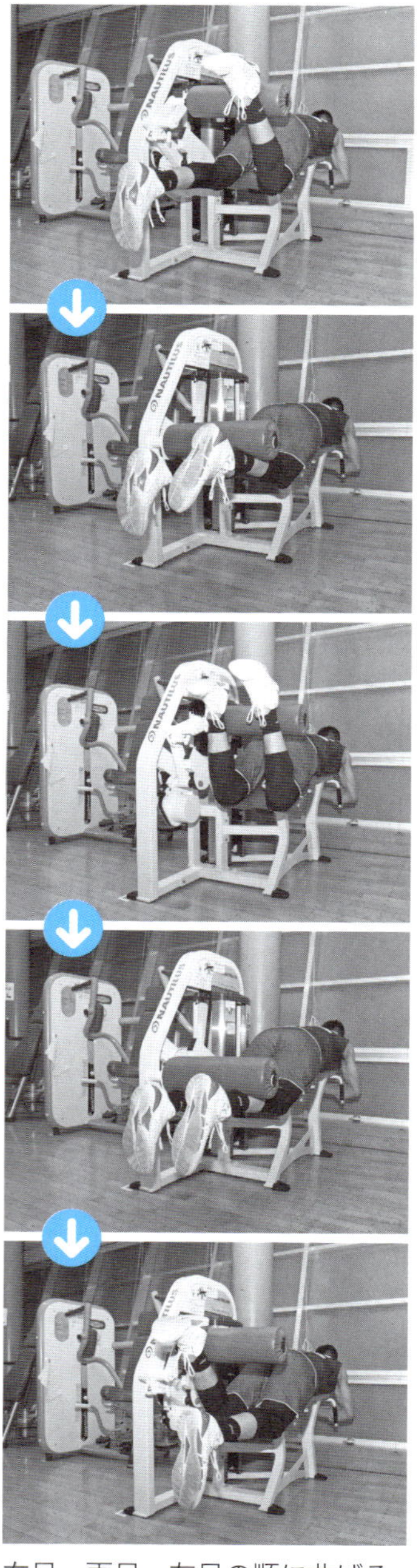

右足ー両足ー左足の順に曲げる

【両足のパターン】

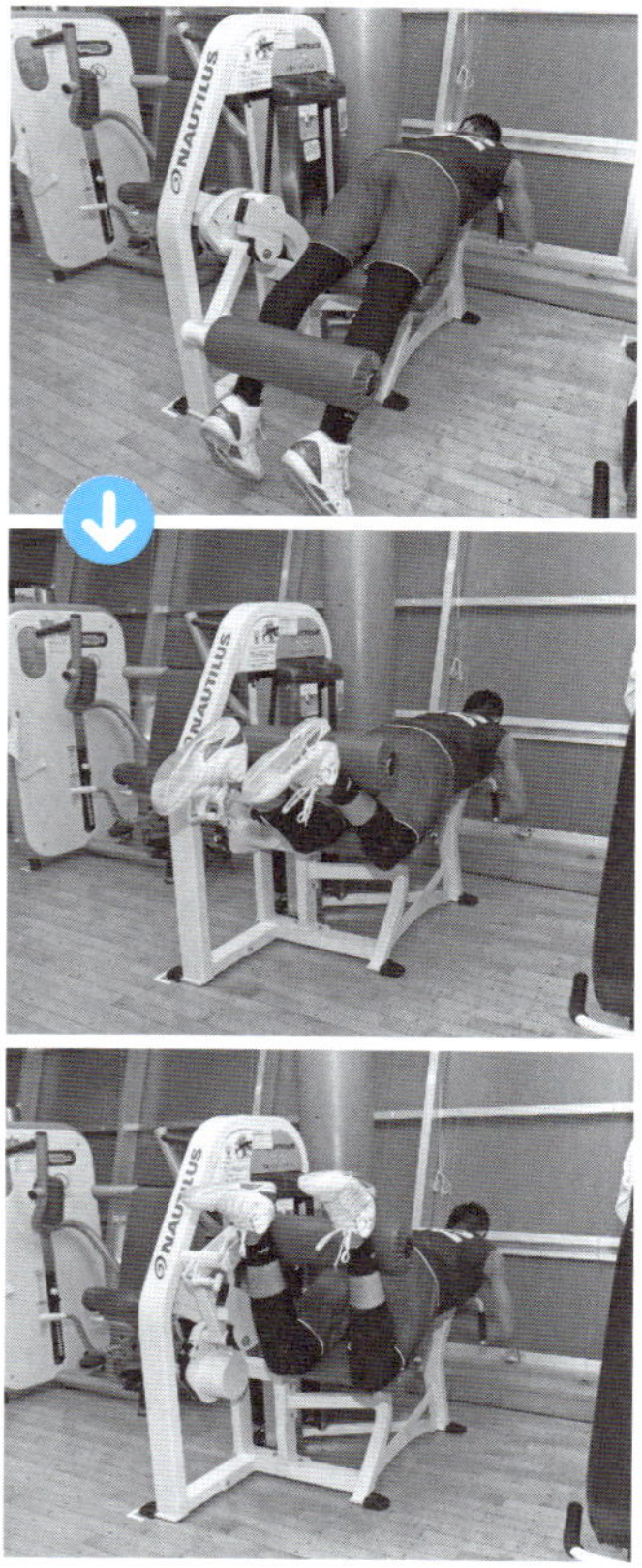

腰をそらさずに両足を同時に曲げる

ハムストリングスを鍛える「レッグカール」のマシーンです。56ページで紹介したように、パートナーに足をおさえてもらって、膝を曲げるトレーニングでも同様ですが、マシーンで行う際には腰をそらさないように気を付けてください。

両足でスムーズにできるようになったら、片足ずつ交互に繰り返してみましょう。または右足−両足−左足という順で行うレッグカールも効果的です。2秒で曲げて3秒で戻す動きを10回×3〜5セットを目安に行います。

【マシーン⑥】カーフレイズ

ふくらはぎを鍛える

【膝を伸ばすパターン】 主に腓腹筋に効く

【膝を曲げるパターン】 主にヒラメ筋に効く

【パートナーがのって負荷を加えるパターン】

負荷を少しずつ加えてトレーニング効果を高める

ふくらはぎを鍛えるカーフレイズにはバリエーションがいくつかあり、膝を伸ばすと主に腓腹筋が鍛えられ、膝を曲げると主にヒラメ筋に効きます。また、つま先を内側に向けるか、外側に向けるかによっても鍛えられる場所が変わってきます。

私たちのチームではパートナーがのって負荷を加えていますが、慎重に負荷を加えながらトレーニングの効果を高めていってください。それぞれ2秒で上げて3秒で降ろす動きを10回×3〜5セットを目安に行います。

おわりに

フィジカル面の具体的な取り組みを

日本の男子バスケットボールはこれまで、国際試合の度にフィジカル面の弱さが課題として挙げられてきました。「先天的に体格や身体能力で諸外国に劣る」といった、諦めにも似た風潮もありました。その真偽のほどはともかく、「フィジカル面の強化を行うことが急務である」と言われ続けてきたにもかかわらず、具体的な取り組みがなされたことはほとんどなかったように感じます。

「フィジカルの強化ばかり行ってもバスケットボールは向上しない」

「フィジカル面のデータを取っても意味がない」

「バスケットボールは、ボールを使った練習で鍛えるべきだ」

そのような声が各方面から聞こえてきたものです。2020年のオリンピックが東京開催に決定したことで、それに向けた強化のみならず、2020年以降も継続して国際舞台で活躍するための強化の必要性が声高に叫ばれるようになりました。

その中には、ジュニア期からトップレベルのプレーヤーに至るまでのフィジカル強化が含まれますが、短期間で簡単に解決する課題ではありません。具体的な取り組みを始めることがフィジカル強化の第一歩であり、辛抱強く長期に渡って継続することが欠かせないのです。

世界の中の日本、アジアの中の日本

世界のバスケットボールは戦術戦略が多様化するとともに、選手の体格が大型化し、技術、体力ともに高度化しています。近年のワールドカップ（※従来の世界選手権）やオリンピックを見ると、欧米諸国だけでなくアジア諸国においても身長2メートルを超える長身プレーヤーがオールラウンドなプレーができるようになってきており、大型化の傾向がよりいっそう進んでいると言えます。

そうした身長や技術を生かすため、逆に低身長のプレーヤーやチームが身長差をカバーするため、スクリーンプレーを多用したり、激しいプレッシャーディフェンスを武器としたり、さらにはトランジション（攻防の切り換え）の速いバスケットを展開する運動量豊富なチームも増えています。

そのようにチームの戦術・戦略の可能性を広げる上でも、個々のフィニッシュプレー（シュートスキル）やディフェンスなど身体接触を伴うプレーの強化、さらには体力面全般の向上が不可欠なのです。

残念ながら日本は世界レベルのみならず、アジアの中でも高さでアドバンテージを握ることが難しい…。それればかりか体力面の数値を見ても下位に位置付けられているのが現状です。それだけに日本オリジナルの強化策を考える必要があると同時に、土台となる基礎的なフィジカルレベルに目を向ける必要があります。それなくしてバスケットボールのパフォーマンスを上げようとすることは非効率であると言わざるを得ません。

加速度的に成長を遂げる世界の強豪国と、日本の現状を踏まえると、フィジカル強化の具体的な取り組みを早急に講じなければ、世界はもとよりアジアの中でも遅れをとることになってしまいます。特に「フィジカルコンタクトが弱い」という課題についてはスキル面も含めて多くの要素が複雑に絡み合っているため、短期の取り組みでは変化が現れにくいという側面があります。だからといって強化を進めないことは、成長を遂げる他国に遅れをとることになりかねないのです。

フィジカル面が遅れてきた原因

では、なぜ日本はフィジカル面の強化が遅れてしまうのでしょうか。これには二つの原因が考えられます。
（1）国際試合で求められるフィジカルと、国内の試合で求められるフィジカルの要素が異なる
（2）トレーニングの成果を試合で出すためには時間がかかるという認識が薄い
（1）については実際に国際試合を経験して、自ら体感しなければ認識することは難しいかもしれません。対戦国の特性によっても様々ですが、私が関わった国際試合では、いくらスピードやクイックネスがあっても、体重の軽いプレーヤーや持久力のない選手が苦戦を強いられる姿を幾度も見てきました。

ところが、スキル面が多少粗削りであったり、国内では体脂肪がやや多いと指摘されるような選手であっても、運動量が豊富でフィジカルが強く、積極的にゴールに向かうようなアグレッシブなメンタリティを内在させているプレーヤーが通用するケースが少なくありません。いわば国際試合向きのプレーヤーということです。

一方、国内のゲームではスクリーンプレーやリバウンドなどの状況において身体接触の局面が国際試合に比べて少なく、フィジカルの要素よりもスキルの要素の比重が高いゲームが多いと感じます。したがって体力面のベースとなる除脂肪（筋肉がメインの）体重を増やすことや、日本人の特性である持久力の強化に焦点が当たりにくいわけです。

国際試合を目指すにはまだ年月がかかるという年齢層のプレーヤーおよびチームは、国内のゲームに即効的に役立つようなトレーニングになるかもしれません。しかしながら日本代表も見据えて強化している大学およびトップレベルのプレーヤーは、国際試合でも通用するスタンダードで強化を進めるべきだと考えます。

そして（2）についても（1）に関連しており、国際試合で通用することを目的としたトレーニングは、長く継続して行うことが必要です。いざ国際試合を控えてそのためのトレーニングをいきなり取り入れてもゲー

ムで成果を発揮するのは難しいということです。それだけに様々なトレーニングの中で優先順位をつけ、効率よく行うことが大切なのです。

体重を増やしながらパフォーマンスを上げる

冒頭で述べたとおり私は、「体重を増やしながらパフォーマンスを上げる」ことをテーマにトレーニングを指導しています。この二つの課題を克服することが日本にとって、フィジカルコンタクトで負けず、平面での運動量で勝負するために必要な能力につながる確信しているからです。

バスケットボールだけでなく国内の他の球技種目においても、体格差や身体能力の差を埋めようと試行錯誤されています。筋肉量を増やしながら体格面を改善しようと、積極的に取り組んでいる球技種目がある一方で、まだ本格的に踏み切れていない球技種目もあるようです。

もっとも体重をただ闇雲に増やせばよいというわけではありません。体重が増えるとともに体脂肪ばかりが多い体になってしまっては、トレーニングの効果をゲームにつなげることは難しくなってしまいます。

体重を増やしたことでパフォーマンスが落ちてしまった…。すなわち、キレがなくなった、体が重く感じる、高く跳べなくなった、そうしたことにはならないような配慮がトレーニングには不可欠なのです。

体格目標値とは

大学生年代からトップレベルのトレーニングを進める中で体の大きさの指標としているのが除脂肪体重量（Lean Body Mass／以下ＬＢＭ）と体脂肪率です。ＬＢＭとは体重から脂肪量を引いた重さで、これが筋肉量の指標になります。

例えば、身長2m、体重100kg、体脂肪率10％のプレーヤーの場合、LBMが90kgとなり、身長1mあたりのLBMは45kg／mとなります。身長180cmくらいまでのプレーヤーであれば、LBM40kg／mで体脂肪率9・5％、身長180cm台から195cmくらいまでのプレーヤーであれば、LBM43kg／mで体脂肪率11％くらいを体格の目標値としています。

日本はこのLBMの数値が諸外国に比べて、著しく低かった…。そこで私は「体重を増やしながらパフォーマンスを上げる」ことをテーマにトレーニングを進めたところ、LBMの数値が飛躍的に伸びたのです。

ジュニア期の筋力目標値

ジュニア期の体格目標については、より計算しやすいように体重で示します。個人差はありますが、中学生年代の目安となる体重は「身長（cm）−110」程度、高校生年代は「身長（cm）−100」程度になると思われます。例えば、180cmの高校生であれば「180−100」で体重80kg程度が目安になります。このような体重に近づけられるように、フィジカルトレーニングを行い、筋力を高い水準まで高める必要があるわけです。

ただし本書で述べてきたとおり、年齢性別および個々の特性によって、各プレーヤーに求められるトレーニング内容は少しずつ変わってきます。

特に留意して頂きたいのが、成長期にある中学生年代のトレーニングです。目安としては12〜15回反復できる中等度の負荷で無理なくトレーニングを行うことをお勧めします。プレーヤー自身の体重を負荷にして行うようなトレーニングが安全で、しかも有効です。

この年代のプレーヤーがフィジカルトレーニングを行うことについては懐疑的な見解をされてきましたが、

現在はむしろ正しい方法で行うことによって将来的な伸びしろを増大させると言われ、積極的に取り入れられています。そこで最後に各年代のフィジカルトレーニングに対する注意点や目標値の目安を、再確認の意味で示します。

【16歳前後（中学生年代）】

高校生年代で本格的にウェートトレーニングを開始するためには、中学生年代のうちに自体重でのトレーニングのフォームをしっかりと修得して行ってほしいところです。具体的には腕立て伏せを20回、スクワットを30回、正しいフォームでできることが一つの指標です。

【18歳前後（高校生年代）】

高校生年代の目標としては腕立て伏せを30回、正しいフォームでできること、そして自分の体重分の負荷（バーベル）をかついでスクワットを10回できることと考えています。

しかしながら日本ではまだ、中学生、高校生年代のフィジカルトレーニングの必要性が浸透しておらず、本格的に取り組みたくてもそうした環境が整っていないというのが現状でしょう。それだけにまずは本書で紹介した基本トレーニングからぜひ、始めてみてください。

プレーヤー自身の特性やコンディションを考慮の上、安全にそして効率的にトレーニングを行って頂けることを願っています。

吉本完明

【監修者】

吉本完明

青山学院大学フィットネスセンター・アスレティックトレーナー

よしもと・さだあき／1963年生まれ。東京都出身。青山学院大学卒。ソウル五輪野球韓国代表のアシスタントトレーナーやミズノ陸上部トレーナーなどを経て1990年、母校である青山学院大学体育会強化部トレーナーに就任し、男子バスケットボール部の強化に携わる。アンダーカテゴリー日本代表のトレーナーも兼務。按摩鍼灸マッサージ師免許、国際救命救急協会インストラクター資格、柔道整復師免許、日本体育協会アスレティックトレーナー資格なども持つ。

【撮影協力】

廣瀬昌也

青山学院大学
男子バスケットボール部ヘッドコーチ

ひろせ・まさや／1967年生まれ。茨城県出身。青山学院大学卒。現役当時はポイントガードとして国内トップレベルのリーグで活躍し、2度のリーグ優勝に貢献。1998年に指導歴をスタートさせ、新潟アルビレックスBBヘッドコーチを経て、母校である青山学院大学のヘッドコーチに就任。日本代表の強化にも携わっている経歴を持つ。

青山学院大学男子バスケットボール部

1929年創部。全日本学生選手権を4度制覇した他、関東大学リーグやトーナメントで多くのタイトルを獲得してきた名門チーム。またトッププレーヤーを数多く輩出した実績が物語るとおり、育成面でも高く評価されている。

渡辺利信

青山学院大学フィットネスセンター・アスレティックトレーナー

わたなべ・としのぶ／1992年生まれ。埼玉県出身。帝京平成大学卒。高校時代、野球をプレーしていた際にケガしたことがきっかけで、大学入学後、トレーニングについて学び始める。大学チャンピオンの座を奪還することと、トップレベルに選手を輩出することを目標とする。

パーフェクトレッスンブック

超常識《ちょうじょうしき》！　プレーが変《か》わる体《からだ》の鍛《きた》え方《かた》

自分《じぶん》でつくる　バスケ筋力《きんりょく》

監　修　　吉本完明《よしもとさだあき》
発行者　　岩野裕一
発行所　　株式会社実業之日本社
〒107-0062
東京都港区南青山5-4-30 CoSTUME NATIONAL Aoyama Complex 2F
［編集部］03-6809-0452　［販売部］03-6809-0495
実業之日本社ホームページ　http://www.j-n.co.jp/

印刷・製本　大日本印刷株式会社

ISBN978-4-408-33851-4（第一スポーツ）

1904(01)